CRÓNICAS DE LA REPÚBLICA DE CUBA

1902-1958

COLECCIÓN CUBA Y SUS JUECES

EDICIONES UNIVERSAL, Miami, Florida, 2009

Uva de Aragón

CRÓNICAS DE LA REPÚBLICA DE CUBA

1902-1958

Copyright © 2009 by Uva de Aragón

Primera edición, 2009

EDICIONES UNIVERSAL
P.O. Box 450353 (Shenandoah Station)
Miami, FL 33245-0353. USA
Tel: (305) 642-3234   Fax: (305) 642-7978
e-mail: ediciones@ediciones.com
http://www.ediciones.com

Library of Congress Catalog Card No.: 2008907618
ISBN-10: 1-59388-143-6
ISBN-13: 978-1-59388-143-

Diseño de la cubierta: Luis García Fresquet

Foto de la autora en la contraportada: Pedro Portal

Foto de la portada: La Habana, 20 de mayo de 1902. Los cubanos observan la retirada de tropas americanas de Cuba después que el General Woods le entregara el mando de la isla al Presidente Don Tomás Estrada Palma y se izara la bandera cubana.

Todos los derechos
son reservados. Ninguna parte de
este libro puede ser reproducida o transmitida
en ninguna forma o por ningún medio electrónico o mecánico,
incluyendo fotocopiadoras, grabadoras o sistemas computarizados,
sin el permiso por escrito del autor, excepto en el caso de
breves citas incorporadas en artículos críticos o en
revistas. Para obtener información diríjase a
Ediciones Universal.

A mis hijas y nietos;
A las nuevas generaciones
de cubanos, donde quiera
que estén.

Ingenio 1907. La dependencia de Cuba en las zafras y la fluctuación en los precios del azúcar fueron un serio problema que enfrentaron los cubanos durante la República.

ÍNDICE

A modo de presentación. Prólogo de Oscar Zanetti Lecuona ... 9

Pórtico 13

La República: Presidentes de Cuba. 19

Crónicas de la República 21

I.	En el Centenario de la República de Cuba	23
II	Un mal comienzo.	26
III	La Constitución de 1901	29
IV	El proceso de la Enmienda Platt	32
V	20 de mayo de 1902.	35
VI	La presidencia de Don Tomás.	38
VII	La reelección de Don Tomás.	41
VIII	El gobierno de Charles E. Magoon	44
IX	La campaña electoral de 1908.	47
X	La mujer en los primeros años de la República.	50
XI	El gallego y el negrito.	53
XII	Aspectos positivos de la Presidencia de José Miguel Gómez.	56
XIII	El largo baño del tiburón.	58
XIV	El Partido Independiente de Color.	61
XV	Una página negra	64
XVI	«Tumba la caña, anda ligero»	67
XVII	La azucarera del mundo.	70
XVIII	Trincheras de papel.	73
XIX	Desarrollo urbano y artístico	77
XX	La cultura de la violencia.	80
XXI	La injerencia extranjera.	83
XXII	Comienzos del movimiento feminista.	86
XXIII	Movimiento obrero	90
XXIV	Síntomas de la crisis del sistema republicano ..	93
XXV	Las fuerzas sociales.	96

XXVI	¿Reforma o revolución?	99
XVII	Cementerio en las Antillas.	103
XXVIII	Caída de Machado y relevo generacional	108
XXIX	Revolución, política y militarismo	110
XXX	El poder detrás del trono	113
XXXI	La Asamblea Constituyente de 1940	116
XXXII	De la Constituyente a la Jornada Gloriosa	120
XXXIII	La cubanidad: ¿amor o gatillo alegre?	124
XXXIV	¿Nuevos rumbos?	127
XXXV	El costo de la democracia	130
XXXVI	El 10 de marzo	134
XXXVII	«Los caminos de mi Cuba...»	137
XXXVIII	Nuevos intentos de mediación	140
XXXIX	El imperio de la violencia	143
XL	«Aquí, Radio Rebelde....»	146
XLI	Contra las botas: ¿balas o votos?	149
XLII	Entre Colas de Pato y bombazos	152
XLIII	El pasado pluscuamperfecto	155
XLIV	La verdad bajo sospecha	158

Bibliografía 161

El papel de los intelectuales en la República 167

Índice de nombres 183

A MODO DE PRESENTACIÓN

Hace ya más de seis años, cuando se avecinaba el centenario de la creación del estado nacional cubano, Uva me confesó que acariciaba la idea de dedicar su columna periodística durante el año 2002 a reseñar aquella primera experiencia republicana. Francamente seducida por el proyecto, no por eso dejó de hacerme patente su incertidumbre, pues si bien la impulsaba el ansia de contribuir a sistematizar las imágenes históricas que sobre la isla podían haberse formado los hijos y nietos de cubanos nacidos en otras tierras, no ignoraba lo controvertido del tema y, sobre todo, se sentía intimidada por su escasa experiencia en las faenas del historiador.

Las palabras de aliento que entonces le hice llegar, me han traido a estas otras que deben hacer las veces de un prólogo para el libro que reúne aquellos artículos. En ocasiones anteriores he tenido que encontrar salidas decorosas para trances semejantes, pues sigo creyendo que corresponde al autor presentar su obra -exponer motivos, aclarar conceptos, advertir dificultades-, sin dejar ese espacio preliminar a alguien que inevitablemente adelantará juicios y valoraciones cuya formulación, en última instancia, constituye un elemental derecho del lector. Entremetido entre autor y lector, el prologuista viene a ser un intruso que cuando menos debería mostrar sensatez y limitarse a una presentación breve, que incite a la lectura, permitiéndose a lo sumo un par de comentarios que la propicien. A tal regla trataré de que se atengan estas líneas.

Quizás en reconocimiento al origen periodístico de los textos compilados, Uva de Aragón escogió el término «crónica» para el título de su obra, enunciado que por otra parte la adscribe a un género historiográfico caracterizado por la narración cronológica de un acontecer eminentemente político. No están lejos estas páginas de tal naturaleza, pero de tomarla al pie de la letra dicha caracterización resultaría engañosa, pues el espacio que aquí se concede a la creación artística y literaria, a los fenómenos económicos, a cuestiones sociales como las migraciones, los problemas raciales o los movimientos obrero y femenino, entre otros temas, sería impensable en una crónica de corte tradicional. Se hace así manifiesto el encomiable interés de la autora por captar la historia en la variedad y complejidad de sus procesos, solo que dicha intención no es fácil de conciliar con los imperativos de apretada síntesis que suele imponer el periodismo. Por ello no está de más advertir que un propósito primordial del libro que el lector tiene en sus manos es servir de introducción a la riquísima historia cubana. De ahí que su narrativa, a veces somera, deba tomarse en el más efectivo de sus sentidos: como una invitación a meditar sobre los acontecimientos y profundizar en ellos, para lo cual se recomienda en las páginas finales una enjundiosa bibliografía.

Pese a toda su complejidad, la síntesis no ha sido el mayor reto enfrentado por esta obra. Las seis décadas que se han propuesto abarcar sus páginas constituyen materia tan debatida en la historiografía de Cuba, que ni siquiera se les ha podido encontrar una denominación de general aceptación. Apreciada como una "antesala» de la Revolución de 1959, esta es una época histórica cuyas interpretaciones han estado casi siempre determinadas por las posiciones políticas que frente el fenómeno revolucionario sustentan quienes las han formulado. Las narraciones de aquel pasado inmediato, proyectadas desde el presente, por mucho tiempo se han expresado en términos tan absolutos como antagónicos. Decidida a sustraerse a esas perspectivas polares, Uva ha buscado una suerte de balance en la conjugación de diferentes versiones y criterios, de manera que se haga evidente la naturaleza litigiosa de una u otra imagen de los hechos, la inevitable relatividad de los juicios. No hay tras esta opción analítica un ánimo contemporizador, sino la decisión responsable de prevenir al lector –o lectora– sobre las exigencias del examen del pasado, el cual no se le ofrece como una divertida colección de curiosidades, sino como una materia complicada y polémica que demanda de ellos mente alerta y disposición al razonamiento.

La obra que presentamos ha conseguido sortear con bastante éxito otros peligros, como el dejarse atrapar por la nostalgia y presentarnos una realidad congelada en la memoria, lo cual la hubiese despojado de genuina historicidad, o el de andar escudriñando los recodos del pasado a la caza de responsabilidades, tendencia ante la cual sucumbe cualquier posibilidad de comprensión. La mesura con que se evalúan aquí muy diversas circunstancias, sin embargo, no libra al texto de intencionalidad, ni lo coloca en una posición de equilibrio por demás imposible. Como lo haría cualquier historiador, la autora ha seleccionado los hechos que narra de acuerdo con un determinado criterio de relevancia, ha concedido espacios, colocado énfasis, asignado protagonismos que obedecen a conceptos, preferencias o afinidades de los cuales puede incluso no ser plenamente conciente. Así se escribe la Historia y no estamos frente a una excepción. El riesgo es siempre el mismo: que unos consideren excesivo lo que a otros parece insuficiente. En el oficio de historiador la discrepancia se da por descontada.

Pero más allá de la siempre discutible exactitud de los datos, de la mayor o menor correspondencia de algún calificativo y de otros reparos que pudieran presentarse –sin excluir los del propio prologuista-, creo que lo más importante en esta obra es el sentido con que enfrenta el pasado. Lo acontecido, en tanto tal, es inmutable, pero la memoria histórica se alimenta, se recrea, desde lo inmediato, a partir de las experiencias cotidianas. De los acontecimientos que recogen estas páginas, a los cubanos los separan cuando menos cincuenta años de experiencias, ya no distintas sino escindidas. Se trata de un pasado común con lecturas diferentes. Si nefasto resulta mantenerlo como una palestra para desplegar rencores, más que vano, pueril, sería pretender un relato único portador de una verdad palmaria aceptada por todos. Reconocer la inevitable coexistencia de versiones, contrastarlas con todo respeto, me parece la mayor virtud de este libro. Porque solamente en sus diversas y polémicas interpretaciones, releído una y otra vez a la luz de nuestras cambiantes experiencias, es que el pasado puede mantenerse vivo y actuar como factor de identidad.

Oscar Zanetti Lecuona
La Habana, 15 de junio de 2008

Banquete político. Teatro Arechabala, Cárdenas, 1920.

PÓRTICO

El primer recuerdo que tengo de la política cubana se remonta a 1950, cuando la campaña para senador de Eduardo Chibás, popularizó el eslogan «Vergüenza contra dinero» y, como símbolo de la necesidad de barrer con la corrupción, sus partidarios repartieron unas pequeñas escobas que yo, entonces de seis años, usaba para desempolvar mi casa de muñecas.

No fue hasta dos años más tarde que comencé a tomar conciencia de los acontecimientos en mi país. Temprano una mañana llegó a casa Raúl, un mulato alto y bueno que fue nuestro chófer durante mi infancia, y me dijo que le preguntara a mi padre si debía llevarnos a la escuela o no, porque Fulgencio Batista había dado un golpe de Estado. Era la primera vez que escuchaba esa frase, cuyo significado ignoraba, y para no olvidarla, fui repitiéndola mentalmente hasta llegar a la habitación de mis padres. Nunca pensé que el recado pudiera tener tal impacto. Mi padre, Ernesto de Aragón, se puso las manos en la cabeza, y exclamó, «¡Pobre Cuba!» Era el 10 de marzo de 1952.

Poco menos de dos años después mi padre murió, y en septiembre de 1956 mi madre se casó en segundas nupcias con Carlos Márquez Sterling. Comencé entonces a vivir muy de cerca el proceso político cubano, pues Carlos formaba parte de la oposición política a Batista. Esos años en que lo vi exponer su vida para defender la República y devolverla a su cauce democrático, fueron claves en mi formación.

Mi concepto del período republicano comenzaría también de la mano de mi segundo padre. Cuando el 13 de julio de 1959 me fui de Cuba con mi madre y mi hermana menor, la primera se arriesgó a incluir en su equipaje tres grandes carpetas de tapas color marrón. Ese mismo día Carlos se asiló en la Embajada de Venezuela. Semanas después nos reencontramos en Estados Unidos. Su sorpresa y alegría cuando mi madre le entregó aquellos cuadernos fue indescriptible. Era el manuscrito de la Historia de Cuba que estaba escribiendo hacía años y que se publicaría en Nueva York en 1963. El libro estaba casi terminado, con excepción de la parte correspondiente a la República (1902-1958)

Durante los próximos dos años todos los sábados acompañé a Carlos Márquez Sterling a la Biblioteca del Congreso en Washington, D. C. Tomábamos frente a nuestro apartamento en Connecticut Avenue el ómnibus L-2 o L-4 que nos dejaba muy cerca del imponente edificio. Allí nos tenían preparado el material que habíamos ordenado la semana anterior. Carlos me daba una lista de hechos históricos y una fecha aproximada para que yo confirmara cuándo habían tenido lugar e hiciera las correspondientes notas bibliográficas. Mientras repasaba aquellos periódicos y revistas me surgían mil preguntas que a veces él contestaba pacientemente, y otras, cuando mi curiosidad interrumpía demasiado el ritmo de la investigación, me prometía que respondería después. Antes de empezar la jornada, desayunábamos bien para trabajar sin parar hasta las tres o las cuatro de la tarde, en que mi padre mi invitaba a un restaurante al costado de la biblioteca, de oscuras y sobrias maderas, donde devoraba con igual apetito una suculenta hamburguesa y sus explicaciones sobre los eventos que habíamos documentado ese día. Fue en esa etapa de mi adolescencia que me enamoré de la República.

A través de los años Carlos nutrió mis conocimientos sobre ese período de nuestra historia narrando en sobremesas y tertulias familiares infinidad de anécdotas sobre una época en la que su padre y él habían jugado importantes papeles, y en la que había conocido a fondo a los principales protagonistas de la vida pública cubana. Sin embargo, ha sido después de su muerte en 1991, y especialmente desde que empecé a trabajar en el Instituto de Investigaciones Cubanas de la Universidad Internacional de la Florida en 1995, que he tenido la oportunidad de estudiar con mayor rigor la historia de mi país, y en particular de la era republicana. Múltiples lecturas incrementaron mi curiosidad y mis vínculos afectivos con la nación por la que lucharon mis antepasados y forjaron mis padres y abuelos. No es una metáfora. En todas las ramas de mi familia, hay figuras sobresalientes que sirvieron a Cuba en las guerras de independencia, los exilios y la República.

Hasta 1959 al menos, en Cuba los cursos escolares de historia del país terminaban el 20 de mayo de 1902. Probablemente se creía que no era posible tener la suficiente perspectiva para escribir del acontecer nacional de la primera mitad del siglo XX puesto que muchas personalidades vivían aún e incluso estaban activas en la vida pública. Por tanto, mi generación creció sin un conocimiento, siquiera básico, sobre nuestros primeros pasos como nación independiente. Después de la Revolución, los juicios sobre la República, como muchas otras cosas en Cuba, se dividieron en campos claramente delineados. En la isla se enjuició como una era nefasta, mientras que en algunos sectores del exilio se exaltaron sus virtudes de forma hiperbólica. Estas perspectivas opuestas se reflejan en multitud de publicaciones. Para agravar el asunto, los estudios académicos en Estados Unidos y otros países, hasta fechas relativamente recientes, se han concentrado en la Revolución, sin indagar demasiado sobre hechos anteriores al 1º de enero de 1959.

Aprendí con San Agustín que el conocimiento es amor. Por eso, cuando en 2002 se conmemoró el centenario de la inauguración de la República me pareció que el mejor tributo que podía rendirle era dedicar ese año a estudiarla a fondo. Aunque había leído varias historias de Cuba, decidí volver a ellas de otra forma. Me dediqué a leer cada semana sobre el mismo período en cuanto libro tuviera a mano y comencé a dedicarle al proceso republicano mi columna en *Diario Las Américas*. Con excepción de alguna interrupción por noticias de gran impacto que quise comentar, ese año sólo escribí sobre la República, en un total de cuarenta y cuatro artículos.

Tener en mi propia casa una buena biblioteca sobre Cuba me facilitó la labor. Una de las cosas que descubrí que me sorprendió más gratamente, fue que el libro del Instituto de Historia de Cuba sobre la «Neocolonia», pese a esa forma ofensiva de referirse a la República, no difería demasiado de los textos de los historiadores republicanos como Calixto C. Masó, Carlos Márquez Sterling, Rafael Esténger y otros. Afortunadamente, las diferencias en las versiones del pasado prerrevolucionario son hoy en día más adjetivas que substantivas.

Cuando a finales de enero de 2002 visité Cuba, y mi amiga Marta Rosa Morales y su esposo Oscar Zanetti, a quienes había mandado las crónicas por correo electrónico, me las comentaron favorablemente, aproveché para pedirla a Oscar, un respetadísimo historiador, si podía adelantarle las columnas antes de publicarlas, en caso de que tuvieran algún error que señalarme. A lo largo de 2002 se produjo un intercambio de indescriptible valor para mí. Todos los domingos salía para La Habana mi borrador, y los lunes, infaliblemente, Zanetti me enviaba sus comentarios. La mayoría de las veces aceptaba sus señalamientos, que solían precisar asuntos que no aparecían con claridad en mis crónicas. Sin embargo, surgieron temas y períodos más complejos, y a veces entre su primer correo y la versión final que yo enviaba al periódico, nos intercambiábamos cuatro y cinco mensajes. Oscar nunca intentó imponerme su punto de vista, pero me hizo ver con nuevos ojos algunos aspectos de nuestra historia. Creo que mi trabajo mejoró inmensamente con este intercambio, que considero, además, un ejemplo del diálogo respetuoso entre cubanos

Deseo aclarar que los errores y limitaciones de esas crónicas son sólo mías, y agradecer a Zanetti su diligencia y paciencia a lo largo de todo un año en que me acompañó en mi recorrido por el acontecer republicano, así como el prólogo que generosamente accedió a escribir para este volumen. Reconozco por igual mi deuda con Rafael Garcia Bárcena (hijo) por su siempre aguda revisión de los gazapos de mi prosa.

Estas «Crónicas de la República» son, pues, aquellos artículos publicados en *Diario Las Américas* casi todos los jueves de 2002. En los primeros incluí notas al calce, pero pronto me llamaron la atención de que no se trataba de una práctica aceptable en el periodismo. Como el resto de las columnas carecieron de notas, para este libro eliminé también las primeras. La bibliografía, sin embargo, incluye los textos consultados, más unos pocos que han aparecido después y que me parecen imprescindible en el estudio de la República. He añadido asimismo un breve ensayo sobre el papel de los intelectuales en esa era.

Reconozco que por mucho que lo he intentado, no logro ser del todo objetiva, especialmente a partir de 1952. Viví muy de cerca la oposición política a Batista y siento que a este proceso no se le ha dado en la historia su justo lugar. Esa vivencia no nubla mi afán de verdad, pero afecta el énfasis que se otorga o resta a ciertos acontecimientos.

Intenté escribir estas crónicas en un tono accesible a todos, como quien narra un cuento. Hice cuanto estuvo a mi alcance para entender y transmitir no solamente los principales acontecimientos, sino el ambiente y la forma de pensar de aquellos años. Sólo el lector sabrá si lo he logrado.

Están muy lejanos ya aquellos días de mi infancia en que barría mi casa de muñecas con la escobita del candidato ortodoxo. Pero Cuba sigue siendo mi hogar. Y su historia, con sus aciertos y desaciertos, es mi patrimonio, al igual que el de cada uno de mis compatriotas. No pretenden estas páginas, ni con mucho, incluir toda la historia de la República de Cuba. Ojalá, sin embargo, haya logrado captar su esencia. Si estas crónicas sirvieran al menos para despertar el interés de algunos en el estudio de la primera mitad del siglo XX cubano, mis esfuerzos no habrán sido en vano. Si ayudan a otros a forjarse una visión panorámica de nuestros primeros años como nación independiente, me sentiría igualmente complacida.

El pasado no es algo inmóvil –lo he repetido infinidad de veces– sino que se modifica con la visión de nuevas generaciones. Esos cambios en la forma de enjuiciar el pasado son clave en la construcción del futuro. Por eso, pese a que este libro debe mucho a mis mayores, lo he dedicado a mis hijas y nietos y a todas las nuevas generaciones de cubanos, pues serán ellos los forjadores de esa Cuba mejor que tantos soñamos.

La autora
Miami, 3 de julio de 2008

Portada de la Revista *Carteles* del 6 de marzo de 1927.
Cuba tuvo uno de los movimientos feministas más vigorosos
de América desde las primeras décadas de la República.

LA REPUBLICA: PRESIDENTES DE CUBA
(20 DE MAYO 1902 - 31 DE DICIEMBRE DE 1958)

20 de mayo de 1902 al 28 de septiembre de 1906	Tomás Estrada de Palma
28 de enero de 1909 al 20 de mayo de 1913	José Miguel Gómez
20 de mayo de 1913 al 20 de mayo de 1921	Mario García Menocal
28 de enero de 1921 al 20 de mayo de 1925	Alfredo Zayas y Alfonso
20 de mayo de 1925 al 12 de agosto de 1933	Gerardo Machado y Morales
12 de agosto de 1933	Alberto Herrera
12 de agosto al 4 de septiembre de 1933	Carlos Manuel de Céspedes y de Quesada
4 al 10 de septiembre de 1933	La Pentarquía: (Ramón Grau San Martín, Sergio Carbó, Porfirio Franca, José Miguel Irisarri y Guillermo Portela.)
10 de septiembre al 14 de enero de 1934	Ramón Grau San Martín
14 de enero de 1934	Carlos Hevia y Reyes Gavilán

14 al 18 de enero de 1934	Manuel Márquez Sterling
18 de enero de 1934 al 11 de diciembre de 1935	Carlos Mendieta y Montefur
11 de diciembre de 1935 al 20 de mayo de 1936	José A. Barnet y Vinajeras
20 de mayo de 1936 al 23 de diciembre de 1936	Miguel Mariano Gómez
23 de diciembre de 1936 al 10 de octubre de 1940	Federico Laredo Bru
10 de octubre de 1940 al 10 de octubre de 1944	Fulgencio Batista y Zaldívar
10 de octubre de 1944 al 10 de octubre de 1948	Ramón Grau San Martín
10 de octubre de 1948 al 10 de marzo de 1952	Carlos Prío Socarrás
10 de marzo de 1952 al 6 de abril de 1954	Fulgencio Batista y Zaldívar, primer ministro, después como presidente
6 de abril de 1954 al 24 de febrero de 1955	Andrés Domingo y Morales del Castillo
24 de febrero de 1955 al 31 de diciembre de 1958	Fulgencio Batista y Zaldívar

CRÓNICAS DE LA REPÚBLICA DE CUBA

1902-1958

Grupo armados «Pro Ley y Justicia». Estudiantes universitarios durante la lucha contra Gerardo Machado en los años 30. La violencia política fue una constante en la vida republicana.

I

EN EL CENTENARIO DE LA REPÚBLICA DE CUBA

Comienza el año en que se conmemora el centenario de la instauración de la República de Cuba. La fecha es propicia para el estudio detenido, el análisis documentado, el balance objetivo de nuestra historia. El pasado no es cosa inmóvil, sino que se modifica con la mirada crítica que ofrece la perspectiva del tiempo. Conocer es amar. Canalicemos el amor a la Patria profundizando en nuestro entendimiento de los muchos aspectos de su devenir. Empecemos, pues, por el principio.

Es bueno recordar que cuando se firmó el Tratado de Paris el 10 de diciembre de 1898 entre Estados Unidos y España, donde se asentaron las bases para el retiro de las tropas españolas de Cuba, no estaba presente ningún cubano. Y cuando el primero de enero de 1899, a las doce del día, el general Adolfo Jiménez Castellanos, a nombre de su Majestad la Reina Regente María Cristina, entregó el mando de la Isla al mayor general John R. Brooke, quien lo recibió en representación de los Estados Unidos, los generales cubanos asistieron como meros observadores. Máximo Gómez se negó a entrar en La Habana junto a las tropas americanas, como pretendían en Washington, pese a los esfuerzos de Don Tomás Estrada Palma de hacerle entender a los norteamericanos lo hiriente que resultaba para los criollos tal propuesta.

Los historiadores coinciden en que la isla estaba en ruinas. La guerra había mermado la producción tabacalera y azucarera de forma considerable. El ganado era sólo 15% de lo que había sido en 1894. La falta de actividad económica productiva había hecho languidecer el comercio. Las pérdidas no eran sólo materiales. La contienda bélica había cobrado cientos de miles de vidas –400,000 según estimados del historiador Fernando Portuondo–, principalmente de varones adultos, y de niños incapaces de sobrevivir las hambrunas, las pobres condiciones sanitarias, la vida en la manigua, y la reconcentración ordenada por el Capitán General Valeriano Weyler. La población, tras 30 años de guerra, mostraba muestras de gran cansancio. La evacuación del gobierno colonial se realizó con lentitud y las tropas americanas ocupaban las poblaciones a medida que eran abandonadas por los españoles. No hubo actos de represalia contra los primeros ni de rebeldía o apoyo a los segundos. Los cubanos deseaban, por encima de todo, paz.

Los norteamericanos desconocían la realidad interna del país y desconfiaban de los cubanos, a quienes consideraban demasiado radicales. Formaron un gobierno en el que figuraban en el gabinete civil los políticos cubanos (independentistas y autonomistas por igual) pero en el que mandaban los militares estadounidenses. En el campo administrativo ocurrió lo mismo. Por cada gobernador cubano, coexistía un militar del norte. Algunos historiadores concuerdan en una visión positiva del General Brooke. Según Calixto C. Masó su labor fue notable. Carlos Márquez Sterling lo describe como «persona bondadosa y honesta». Rafael Esténger como «afable, conciliador y civilista».

Brooke fue relevado en su cargo por el General Leonard Wood, quien mereció juicios menos elogiosos que su antecesor. Julio Le Riverend lo considera «hombre dispuesto a ejercer todo tipo de represiones contra la población cubana.» Márquez Sterling narra el recelo que despertó en la isla. Esténger califica su mandato como «una serena dictadura».

Independientemente del contraste entre las personalidades y actuación de ambos generales, está la labor que hicieron durante los 3 años y medio que se dilató la intervención. Se llevó a cabo un censo de la población. Se reformó el sistema judicial, con la creación de juzgados correccionales y el Tribunal Supremo. Se introdujo el derecho a Habeas Corpus, concepto legal de origen anglosajón. Sin embargo, el sistema de jurado fracasó en la isla y los cambios al sistema se vieron limitados cuando el gobierno interventor continuó usando los códigos civil y criminal españoles.

Se mantuvo el criterio de la absoluta separación de la Iglesia y el Estado. Se modificó la ley sobre matrimonio y se dio validez a las uniones civiles, tanto como a las religiosas. Se creó la Guardia Rural y el cuerpo de policía municipal. Se reformó la administración pública, el sistema de enseñanza, sanidad y obras públicas.

¿Fueron estas acciones desinteresadas, encaminadas solamente a sentar las bases de una nueva República? ¿O, por el contrario, respondían a un plan premeditado de obtener ventajas económicas y políticas para los Estados Unidos? ¿Cómo reaccionaron los cubanos? ¿Serian fluidas o tensas las relaciones entre los criollos y los vecinos del norte durante los primeros años del Siglo XX?

II

UN MAL COMIENZO

Los malestares entre los cubanos y los norteamericanos comenzaron muy temprano, incluso durante la batalla de San Juan Hill, pero se agudizaron durante la primera intervención. Era natural. Aunque hubiera diferente grados de interés de parte de los políticos del norte en la isla caribeña y su porvenir, compartían la mentalidad de la época. La Doctrina Monroe de 1823 y el Destino Manifiesto de 1846 muestran el fundamento teórico sobre el que se basó la expansión imperial norteamericana. Estados Unidos estaba convencido no sólo de que América debía ser para los americanos sino también de que era lo mejor para los pueblos del continente. Otra cosa pensaban los cubanos que habían luchado durante 30 años por su independencia.

De acuerdo con lo estipulado en la Constitución de La Yaya, al terminar la guerra el Consejo de Gobierno de la República en Armas entregó sus poderes a la Asamblea de Representantes del Ejército Libertador, que a su vez debía convocar a una Asamblea Constituyente para sentar las bases jurídicas de la nueva República. Cuando la Asamblea se reunió en Santa Cruz, Camagüey en octubre de 1898, bajo la presidencia de Domingo Méndez Capote, Bartolomé Masó, último presidente de la República en Armas, expresó la necesidad de que las autoridades norteamericanas reconocieran la asamblea y le entregaran la organización del Estado cubano. Estos planteamientos mostraban los ideales independentistas. La realidad era otra. Ya se perfilaba la ocupación de los vecinos de ojos claros.

Apenas unos días después de la firma del Tratado de París, el 21 de diciembre de 1898, Don Tomás Estrada Palma dio por terminada la labor del Partido Revolucionario Cubano, que había quedado a su cargo tras la muerte de José Martí. Los estatutos del PRC establecían su disolución cuando se alcanzara la independencia y se inaugurara la República, pero esos objetivos se habían logrado sólo a medias. Puede especularse sobre las razones que impulsaron a Don Tomás a tal decisión, pero lo cierto es que los cubanos en la isla y en la emigración perdieron un poderoso instrumento aglutinador. Algunos historiadores ven la mano larga de los yanquis manejando los hilos para destruir las instituciones que sostenían la unidad política de las fuerzas independentistas.

La tercera fuerza que poseían los cubanos era el Ejército Libertador. Se trató de mantenerlo organizado. Era difícil por dos razones principales. En primer lugar, no tenían nada que hacer. El ejército americano ocupaba las instalaciones y los recursos del derrotado ejército colonial sin darle participación a las tropas mambisas. Tampoco poseían una misión política. Existía otro grave problema. Los cubanos no tenían acceso a los fondos de Hacienda y no contaban con recursos económicos para mantener las tropas.

Surgió una penosa situación que en mayor o menor medida se repetiría en las relaciones entre los Estados Unidos y Cuba a lo largo del siglo XX. Una comisión nombrada por la Asamblea de Santa Cruz, viajó a Washington para solicitar del gobierno del Presidente McKinley un empréstito que permitiera licenciar al ejército de la guerra. Aunque tal disolución presentaba sus peligros, los asambleístas no actuaban con ingenuidad. Su propósito principal era obligar a Washington a reconocer la legitimidad de la Asamblea.

Aunque la idea del empréstito estaba respaldada por Juan Gualberto Gómez, Calixto García, Manuel Sanguily, José Antonio González Lanuza y otros, Máximo Gómez se opuso. No quería que la joven republica naciese endeudada. Mantuvo sus tropas acampadas en la Quinta de los Molinos, lanzó proclamas, protestó. El gobierno americano aprovechó esta división entre los cubanos, que aunque en el fondo perseguían los mismos fines, no actuaron juntos. A la comisión ofrecieron regalarle 3 millones de dólares para pagarle al ejército y disolverlo. No aceptaron. Una tragedia aún mayor traería aquel viaje. Los fríos de la ciudad junto al Potomac provocaron la enfermedad y muerte del General Calixto García. Su entierro en La Habana, una verdadera muestra popular de duelo, produjo nuevas fricciones con respecto al lugar que debían ocupar las tropas de los dos ejércitos –el de E.E.U.U, y el de los cubanos– en el desfile funeral.

Ya fuese por intrigas de los americanos, que trataron de ganarse la confianza de Gómez, o por carencia de visión y capacidad política de todas las partes, pero los asambleístas y Máximo Gómez, aunque conformes con la necesidad de disolver el ejército, no se pusieron de acuerdo. Y el viejo general, que tanto había dado a la guerra, fue destituido por la Asamblea como Jefe del Ejército. Gómez tenía gran arraigo popular y recibió muestras de ello. Estaba muy consciente de su origen dominicano, y se retiró airoso con unas declaraciones altruistas. La polémica y las divisiones, sin embargo, habían herido de muerte a la Asamblea, que finalmente se disolvió el 4 de abril de 1899. Los cubanos habían perdido otro vehículo de representación. Quizás fuese por la arrogancia y las torpezas de los políticos norteamericanos de aquellos tiempos, o por falta de experiencia y pragmatismo de unos cubanos que se estrenaban en la difícil tarea de fundar un estado. O por una combinación de ambas cosas. Tal vez simplemente se debió a una conjunción de factores históricos. Pero las relaciones entre Estados Unidos y Cuba habían comenzado mal.

III

LA CONSTITUCIÓN DE 1901

El 15 de septiembre de 1900 se efectuaron en Cuba las elecciones para la Asamblea Constituyente. Disueltos el Partido Liberal Autonomista y el Partido Revolucionario Cubano, las fuerzas políticas se habían agrupado en el Partido Unión Democrática, el Partido Nacional y el Republicano. El primero fue formado por conservadores, incluso algunos que habían favorecido el anexionismo, quienes sin embargo designaron como Presidente al General Eusebio Hernández, veterano mambí de ideas avanzadas. Contaban en sus filas con Carlos García Vélez, Arístides Agüero, Rafael Montoro y Rafael Fernández de Castro, entre otros. Los nacionales, con Alfredo Zayas como una de sus figuras principales, tenían las simpatías de Máximo Gómez y de una gran mayoría en la capital. Eran, en ese momento al menos, defensores apasionados de la soberanía. Los republicanos agrupaban a algunos miembros de la fallida Asamblea del Cerro, y a un importante núcleo de seguidores en Las Villas. Se mostraban partidarios de la tesis federalista, que nunca avanzó en Cuba.

Se produjo el primer pacto político de la historia republicana. Ante el empuje de los nacionalistas, los dos partidos menores se unieron. La izquierda mambisa deseaba neutralizar a los conservadores y buscar un refuerzo numérico. Los del Partido Unión veían que la alianza favorecía sus posibilidades de incidir en la vida pública cubana. Y en efecto, de los 31 delegados electos, 18 provenían de las fuerzas republicano-democráticas. Los asambleístas, sin embargo, actuaron más de acuerdo a sus propios criterios que con la línea partidista, pues aún no existía una verdadera cohesión ideológica en los partidos recién creados.

La apertura de la Asamblea Constituyente tuvo lugar el 5 de noviembre en el teatro Irijoa (hoy Martí). Se aprobó el reglamento interno y se eligió a Domingo Méndez Capote como presidente de mesa, y a Juan Rius Rivera y Pedro González Llorente como vicepresidentes. Las secretarías recayeron sobre Enrique Villuendas y Alfredo Zayas.

Una comisión consolidó las 13 ponencias presentadas, y el 21 de enero llevó a la Asamblea un proyecto de base para la constitución, que fue aprobado en principio para luego debatir el articulado. Entre otros temas, se discutió –muchas veces acaloradamente– la forma de Estado y de gobierno a establecer, las relaciones y funciones de los poderes estatales, las libertades y garantías democráticas, las relaciones Estado e Iglesia y el grado de dependencia que tendrían las provincias del gobierno central.

Al decretarse el respeto a la libertad de culto y la separación de Iglesia y Estado, se independizó la educación pública de influencia eclesiástica, una diferencia notable en comparación con el resto de los países latinoamericanos. (Juan Gualberto Gómez se opuso, pues opinaba esa decisión debía dejarse al futuro Congreso.) La invocación a Dios en el preámbulo de la Constitución suscitó debate. Martín Morúa Delgado y Salvador Cisneros Betancourt –quien mantuvo una de las posturas más radicales durante todas las sesiones– se pronunciaron en contra. Manuel Sanguily, en fogoso discurso, expuso las ventajas de pedir amparo «al símbolo de lo supremo» incluso si se tratase de «una mera ilusión de nuestro anhelo». La referencia divina quedó incluida.

El gobierno unitario, la forma presidencialista, la separación de poderes y el sistema bicameral fueron aprobados sin percances. Otro punto controvertido, sin embargo, fue el del sufragio. Miguel Gener se mostró a favor del voto de las mujeres, e incluso de que pudieran postularse para ocupar cargos públicos. La moción fue rechazada, a pesar del papel relevante que habían desempeñado las mujeres en la lucha independentista. Esta exclusión, sin embargo, era casi unánime en el resto del mundo en esa época. Más escabroso era el tema del voto masculino, considerado entonces «universal». La asamblea estaba dividida. Algunas sustentaban que los votantes debían circunscribirse a los que supieran leer y escribir, y contaran con cierta cantidad monetaria, lo cual hubiera reducido en gran medida la participación de la población negra en los procesos electorales. Otros, como

Manuel Sanguily y José Alemán, no aceptaban esas limitaciones. Ganaron.

Algunos opinan que la Constitución de 1901 fue un calco de la norteamericana. Nada más incierto. Además de otras diferencias, los cubanos se dieron un gobierno unitario y los vecinos del norte habían optado por el sistema federal. Otros críticos de los cubanos han atribuido a la presencia norteamericana en la Isla el que los asambleístas lograran ponerse de acuerdo en un breve período. Parecen olvidar que en medio de los campos de batalla, los cubanos habían ya forjado las constituciones de Güaímaro, Jimaguayú y La Yaya, las cuales sentaron las bases para la de 1901. Podemos agregar que ambas eran de espíritu liberal, en el sentido decimonónico de la palabra, y que mostraron el interés de un sector del liderazgo mambí en dar un sentido civilista a la contienda militar.

Quizás la Constitución de 1901 no haya sido la mejor; pero fue discreta y apropiada para su momento. En el seno de la Asamblea se pronunciaron destacadas alocuciones, que aún tienen vigencia un siglo después, como la de José Alemán a favor de que no se restringiera el voto para encaminar a la República por la vía electoral en vez de la violencia, y la de Rafael Portuondo sobre el derecho de las minorías. Los debates y comentarios que aparecían en la prensa de la época son dignos de ser estudiados a profundidad. Lamentablemente, la labor de los 31 cubanos que contribuyeron a la primera carta constitucional de la República quedó opacada por el debate que al terminar el resto de las consideraciones tenían por delante: redefinir las relaciones de Cuba con Estados Unidos. Comenzaba el proceso de la Enmienda Platt, derogada en 1934, pero cuyas consecuencias se hicieron sentir a lo largo del todo el siglo.

IV

EL PROCESO DE LA ENMIENDA PLATT

En la convocatoria a las elecciones para la Constituyente de 1901, se aludía a las futuras relaciones entre Cuba y Estados Unidos. La «cláusula sospechosa» –como se denominó– causó resquemores. Incluso Eliseo Giberga propuso que los partidos fueran al retraimiento. Comenzaba así una corriente de actuación política que se desarrollaría a lo largo de la República: el abstencionismo. El general Leonard Wood aseguró que los cubanos estarían libres para definir las relaciones entre los dos países. Según Carlos Márquez Sterling, «cuando el gobernador hablaba de esta manera no estaba procediendo de buena fe». Los cubanos de aquellos tiempos también lo veían así. Gaspar Cisneros Betancourt, Marqués de Santa Lucía, regresó de un viaje a Washington, en vísperas de las elecciones en Estados Unidos, convencido de que –así ganaran los republicanos como los demócratas– los norteamericanos no les entregarían a los cubanos el mando de la República. Sus predicciones resultaron ciertas.

El 9 de febrero de 1901 el general Leonard Wood le leía a una delegación de cinco asambleístas una carta de Eliu Root, secretario de la Guerra de E.E.U.U. en la que exponía que la Constitución debería llevar un apéndice que definiera la relación entre los dos países. Las bases propuestas eran, en resumen: 1) Los Estados Unidos tendrían derecho a intervenir en Cuba si corriera peligro su independencia o las vidas y propiedades de sus habitantes; 2) los cubanos no podrían firmar tratados con otros estados extranjeros que menoscabaran su independencia ni contraer empréstitos que comprometieran sus ingresos; y 3) los Estados Unidos podrían instalar las carboneras y estaciones navales en la Isla que fueran necesarias para poder cumplir con el primer requisito. Cuado se dio a conocer a la Asamblea Constituyente esta propuesta, que incluía además omitir la Isla de Pinos como parte del territorio nacional cubano, los delegados se indignaron y se dispusieron a luchar por el pleno goce de su soberanía.

Mientras, en el Congreso de Estados Unidos se debatía un apéndice al proyecto de ley del presupuesto del ejército norteamericano, presentado por el senador Orville Platt, de Connecticut. En contra de la Enmienda Platt, que contenía las mismas bases postuladas por el secretario de la Guerra, Eliu Root, se expresaron, al menos, dos senadores, John Tyler Morgan y Joseph Benson Foraker. El primero la consideraba ofensiva para los patriotas cubanos. El segundo temía que a la larga fuese negativa para los intereses norteamericanos. Pero la enmienda fue aprobada y firmada ley por el Presidente William McKinley.

Los cubanos, de nuevo, formaron una comisión y viajaron a Washington. Se entrevistaron con el Presidente McKinley, el mismo que había firmado la Resolución Conjunta que proclamaba el derecho de Cuba a ser libre. Cenaron en la Casa Blanca. Recibieron elogios. Salieron en los periódicos. Pero no cedieron. Tampoco los norteamericanos. Incluso Domingo Méndez Capote tuvo una fuerte confrontación con Root. La comisión regresó a La Habana con el convencimiento de que si no se aprobaba la Enmienda, la ocupación norteamericana se prolongaría indefinidamente. Las discusiones de la Asamblea fueron largas y dolorosas. Finalmente se aprobó la Enmienda, 15 votos por 14. Rafael Manduley, que había votado en contra, quiso evitar mayores divisiones y aplacar el descontento popular al declarar: «Aquí no hay cubanos mejores que otros cubanos. Cada uno al votar lo ha hecho de acuerdo con su patriotismo», según narra el historiador Márquez Sterling.

No fue suficiente para los norteamericanos, puesto que el apéndice aprobado no se atenía letra por letra al redactado por Platt. Una nueva votación se hizo necesaria. Ya fuera por razones políticas, frustración u otras causas, dos delegados se mantuvieron ausentes y uno cambió su voto. El recuento final fue de 16 a 11.

Los textos de Historia de Cuba coinciden en su visión del proceso de la Enmienda Platt. En el publicado por el Instituto de Historia de La Habana en 1998, firmado por un grupo de seis autores, se resume así:

«Tras meses de tenaz batalla antiplattista conducida en nombre de la liberación nacional, el pueblo cubano tendría que iniciar su vida republicana a la sombra del dominio yanqui». Calixto C. Masó, para sintetizar el pensamiento cubano de la época, destaca en su libro los votos particulares de Juan Gualberto Gómez y Manuel Ramón Silva, quienes aseveraron que la Enmienda no era otra cosa que «el sometimiento del país vencido al vencedor». Márquez Sterling fue más severo. Observa en su Historia de Cuba que los cubanos «habían supuesto la posibilidad racional de una inteligencia decorosa con Estados Unidos. En lugar de ello se encontraban frente a una nación interventora, implacable y altanera...». Y concluye al referirse a aquellos momentos: «El semblante de la asamblea tornose melancólico. (...) un pesimismo negro, honrado, y hasta patriótico, si se quiere, devoró en silencio a los mambises que vieron clavar en la cumbre de sus ideales el pendón de la injerencia extranjera».

Los académicos norteamericanos o de otras nacionalidades podrán tener otras versiones, pero la gran mayoría de los historiadores cubanos está al menos de acuerdo en que la Enmienda Platt le restaba soberanía a la naciente república; y que con gran esfuerzo y decoro muchos de sus compatriotas de hace un siglo lucharon por evitarla.

V

20 DE MAYO DE 1902

La Orden Militar No. 218 del 14 de diciembre de 1901, dictada por el gobierno interventor norteamericano, fijó el 31 de diciembre de ese año como fecha de las elecciones para compromisarios, representantes a la Cámara, gobernadores y consejeros provinciales; y para el 24 de febrero del año siguiente las designaciones del primer presidente, el vicepresidente y los senadores de la República de Cuba.

La figura más popular en la isla en esos momentos era sin lugar a duda Máximo Gómez. Así lo indicaba no sólo el fervor popular sino encuestas hechas por periódicos habaneros. En la efectuada por «La Discusión», Bartolomé Masó quedaba en segundo lugar y Don Tomás Estrada Palma en tercero. El orden se invertía en el certamen de «El Fígaro». Don Tomás, con 510 votos, aventajaba a Masó con 460. Ambos estaban muy lejos del General Gómez, que había obtenido 2,023. Pero el viejo caudillo se negaba a aceptar la candidatura. Aducía que no era cubano, aunque la constitución permitía la aspiración presidencial de quienes hubieran luchado en las guerras de independencia por más de diez años, sin importar el lugar de nacimiento. Es posible que sus razones fueran más profundas. Gómez quizás recordaba la admonición martiana de que no se funda un pueblo como se manda un campamento. Una cosa era pelear en la guerra, otra gobernar a una joven nación: construir la paz.

Algunos historiadores han insistido en que Estrada Palma era el candidato de los americanos, pero otros enfatizan que el apoyo de Máximo Gómez fue decisivo. No le faltaban méritos a Don Tomás. Durante la guerra de los Diez Años fue electo diputado, Ministro de Relaciones Exteriores y Presidente de la República en Armas. La Revolución de Yara fue reconocida en muchos países de nuestra América gracias a sus gestiones. En 1877 fue hecho prisionero en

Holguín y enviado a prisión en el Castillo de Figueras en Barcelona. La amnistía firmada con la Paz del Zanjón le abrió las puertas de la cárcel. Se trasladó a Francia y luego a Estados Unidos. Tenía 41 años. Contrajo matrimonio, tuvo hijos, se dedicó a la enseñanza y se mantuvo alejado de los asuntos cubanos. Pasaron los años. Por fin, José Martí lo convenció para que luchara a su lado por la causa independentista, aunque hay indicios de que Estrada Palma tenía sus dudas sobre la capacidad de los cubanos de gobernarse y favorecía en algunos momentos el anexionismo. Al morir Martí, fue electo para presidir el Partido Revolucionario Cubano. En la convención constituyente de Jimaguayú en septiembre de 1895, desde los campos de batalla, lo eligieron asimismo «Delegado Plenipotenciario y Agente General de la Republica en el Exterior». Su labor en estos dos cargos fue incesante y logró influir, especialmente en la ciudad junto al Potomac, a favor de los cubanos.

Bartolomé Masó era dos años mayor que Don Tomás. Ambos eran orientales. Masó estuvo junto a Carlos Manuel de Céspedes en la madrugada de la Demajagua. Peleó en la Guerra Chiquita, y en la del 95. Al cese de la guerra, ocupaba el cargo de Presidente de la República en Armas. Era, sobre todo, un creyente irreductible en la independencia de Cuba. Masó, con este historial, no aceptó la candidatura de vicepresidente que le ofrecieron. La Unión Democrática, en el que figuraba de forma prominente Juan Gualberto Gómez, y otras pequeñas agrupaciones –Republicanos Libres, Liberales Nacionales– constituyeron la «Coalición Masoísta» y apoyaron su aspiración a la primera magistratura. La candidatura presidencial de Don Tomás era respaldada por los Partidos Republicano y Nacional, que contaban entre sus filas con Domingo Méndez Capote, José Miguel Gómez, Emilio Núñez, Alfredo Zayas, y Luis Estévez –esposo de Marta Abreu–, postulado como vicepresidente.

Carlos Márquez Sterling describe así la contienda electoral: «Enseguida rompió la propaganda. Masó se produjo contra la Enmienda Platt y Don Tomás a favor. Masó ganaba la calle como suele decirse. Estrada Palma, avalado por el General Máximo Gómez, se consolidaba entre la gente conservadora. Masó se mostraba radical y Don Tomás moderado».

La campaña fue sucia. Corrían acusaciones, medias verdades, calumnias. Los masoístas acusaron al General Wood de apoyar a Don Tomás y de no estar debidamente representados en la Junta de Escrutinios. Fueron al retraimiento, actitud que como antes hemos mencionado y veremos a lo largo de estas crónicas, ha sido siempre perjudicial. Salvador Cisneros Betancourt, Marqués de Santa Lucía, que ostentaba la jefatura de los masoístas en Camagüey, no acató la postura abstencionista y ganó la provincia. Las otras favorecieron a Don Tomás, quien no había ido a Cuba a hacer campaña. (Domingo Faustino Sarmiento, en Argentina, fue elegido en circunstancias parecidas.) Una vez electo, sin embargo, el viejo mambí del 68 despertó grandes simpatías. Desembarcó en Gibara, más de un cuarto de siglo después de haber salido de allí preso por los españoles, y recorrió la isla. Se detuvo en infinidad de poblaciones, donde lo recibieron con júbilo. En Manzanillo se entrevistó con Masó, quien aceptó su derrota con grandeza.

A La Habana llegó Don Tomás por mar. En el Salón Rojo del Palacio de los Capitanes Generales recibió el mando de la nación de manos del General Woods. Se izó la bandera cubana. Había terminado la intervención norteamericana. Máximo Gómez pronunció su famosa frase: «Creo que hemos llegado», y el pueblo celebró esperanzado el nacimiento de la República de Cuba. Era el 20 de mayo de 1902.

VI

LA PRESIDENCIA DE DON TOMÁS

Los historiadores coinciden en que Cuba quedó devastada por las guerras de independencia. Basten pocos datos ofrecidos por el historiador Louis A. Pérez, Jr.: «De las 395 fincas en Placetas, Santa Clara, 391 habían sido destruidas durante la guerra. De las 219 fincas en Ceiba del Agua, Habana, 171 fueron abandonadas. Sólo 50 fincas en San Nicolás, La Habana, producían en 1899, mientras que 111 de las 175 fincas en Rodas, Santa Clara, habían sido abandonadas. Las 169 fincas en Bauta, La Habana, fueron destruidas en su totalidad». Los ejemplos serían interminables. Con todo, durante la ocupación americana, el tabaco se recuperó, y el azúcar se acercaba al volumen de los tiempos de preguerra, aunque muchos ingenios no pudieron reconstruirse. La ganadería, sin embargo, continuaba en un estado precario.

Cuando Don Tomás Estrada Palma quedó inaugurado como el primer Presidente de la República de Cuba en 1902, lo que más abundaba en la isla era la esperanza. Un plan de redistribución de tierras y riquezas se hacía imposible. Los cubanos, al no poder negociar los términos de la paz, y continuar bajo la vigilancia plattista, no tuvieron oportunidad de confiscar propiedades, ni siquiera de recuperar las que le habían sido quitadas durante las contiendas bélicas. Los 30 años de lucha habían sido dramáticos, pero la independencia no trajo cambios radicales. La infraestructura socioeconómica se mantuvo casi inalterada.

Es más, surgieron nuevos problemas. El primero fue el pago a los veteranos. No había dinero. Por fin se recurrió a un empréstito de $35 millones. Pero tan tensa se había llegada a poner la situación que según Márquez Sterling «se descarrilaron trenes, se destrozaron viviendas en el campo y se le pegó fuego a cañaverales. Cuando la casa Speyer de Nueva York concedió el empréstito, los beneficiarios en gran número habían vendido sus derechos. Fue un gran abuso y dejó enorme malestar».

No fue lo único que se vieron forzados a vender los cubanos. Se calcula que el valor de las propiedades urbanas en manos criollas al terminar la guerra era de $139 millones. Las hipotecas sobre las mismas sumaban $100 millones. Las que gravaban la propiedad rural –valorada en $185 millones– alcanzaban los $107 millones. Los intereses de 20% y hasta 40% eran frecuentes. Al terminar la guerra, los dueños estaban ansiosos de poner las tierras a producir, pero carecían del capital necesario, pues muchas de las maquinarias estaban inservibles. Había que reconstruir un aspecto importante de la economía cubana: los ganaderos, hacendados, azucareros de la burguesía criolla. Hacía falta una moratoria en el pago de las hipotecas, excepciones al fisco, subsidios, préstamos a largo plazo y a bajos intereses. Pero Don Tomás era un hombre austero, convencido de que el estado debía de intervenir lo menos posible en los asuntos económicos. Uno de los resultados de esta política fue la ruina de las clases pudientes de la isla.

Además, Don Tomás había encontrado la situación de la isla agravada por una baja en el precio el azúcar, a menos de dos centavos por libra en 1902, el nivel más bajo de la historia hasta entonces. Todo se empeoraba por la falta de liquidez y la negativa del gobierno de Washington de aportar fondos para la reconstrucción de la economía insular.

Los beneficiados fueron los vecinos del norte. Cuba se vio invadida por especuladores y agentes de grandes compañías. Durante la ocupación y los primeros años de la república, creció el control norteamericano de la producción azucarera. Para 1905, unos 13,000 norteamericanos habían comprado propiedades en Cuba por un valor de más de $50 millones. Aproximadamente un 60% de todas las propiedades rurales había pasado a manos de individuos o corporaciones de Estados Unidos, con un 15% controlado aún por los españoles. Los cubanos quedaron solamente dueños de un 25% de la isla.

Cabe señalar que el peligro del acaparamiento de la tierra por extranjeros no pasó inadvertido entre los cubanos. Contra ello protestaron muchos intelectuales de la época, y en mayo de 1903 el senador Manuel Sanguily presentó un proyecto de ley para impedirlo.

El Presidente, por su parte, era un hombre sencillo, con más aptitudes para maestro de escuela que para estadista. Recorría La Habana solo, a pie, o en tranvía, con su traje oscuro, su cuello de pajarita, su lazo negro, y la larga leontina cruzándole el chaleco. Madrugaba, leía la prensa, despachaba, asistía a veces al teatro con Doña Genoveva. Por lo general, se acostaba temprano. Era un hombre de hogar. Sus virtudes personales no las pusieron en tela de juicio sus contemporáneos ni lo han hecho la mayoría de los historiadores. Su efectividad como Presidente es ya otra cosa.

VII

LA REELECCIÓN DE DON TOMÁS

En el programa de Don Tomás Estrada Palma figuraba como prioridad fijar de una manera más detallada y permanente la relación con los Estados Unidos. No había quedado especificado por la Enmienda Platt el tema de las estaciones navales. Los norteamericanos pidieron cuatro: en Guantánamo, Bahía Honda, Cienfuegos y Nipe. Al presidente cubano le parecieron demasiadas. Supo negociar, y concedió dos: Bahía Honda y Guantánamo. Al final, sólo la última se haría realidad. El resto de las estipulaciones de la Enmienda fueron recogidas por el Tratado Permanente. Las negociaciones fueron tensas. Los vecinos del norte arrimaban el sartén al fuego de sus intereses, pero los cubanos se mantuvieron firmes en muchos puntos. Hay que reconocer que la posición del gobierno no era fácil pero que Don Tomás no tuvo una postura entreguista. Por el contrario, según Herminio Portell Vilá, incluso los norteamericanos lo acusaron de ser un «intransigente defensor de los intereses de Cuba contra las justas demandas de los Estados Unidos». Quizás el uso del vocablo intransigente fuera exagerado. Si bien en las negociaciones del tratado de Reciprocidad Comercial, por ejemplo, los cubanos pudieron anotarse algunos puntos, los americanos se opusieron de plano al tratado comercial de Cuba con Inglaterra, su gran competidora comercial, y Don Tomás no tuvo más remedio que ceder. Logró firmar un tratado de amistad, comercio y navegación con Italia porque no representaba peligro para los intereses americanos.

La honradez de Don Tomás era legendaria. También, su vigilancia ante cuanto pudiera devenir en corrupción o inmoralidades. Cuando el Congreso votó a favor de restablecer la lotería como en la colonia, el Presidente vetó la ley. Su frugalidad, sin embargo, no siempre benefició al país. Los programas de Obras Públicas, que tanto necesitaba la isla, se estancaron por sus constantes negativas a otorgar las necesarias contratas.

Quizás por tener el Primer Presidente de Cuba una visión paternalista, que lo llevó a pensar que los cubanos necesitaban su guía moral; o quizás por esa vanidad que puede aquejar a todo ser humano y llevarlo a responder al halago fácil, Estrada Palma aceptó –después de grandes vacilaciones– ir a la reelección en 1906. Fue un grave error que no sólo perjudicaría al país, sino que empañaría la visión histórica de su figura.

El primero en oponerse fue Máximo Gómez. Pero el Generalísimo murió de repente, no sin antes hacer declaraciones bastante ásperas sobre la gestión estradista, y en medio de una fuerte campaña contra el hombre que cuatro años antes había ayudado a alcanzar la Presidencia. Ya Don Tomás había aceptado la renuncia masiva de sus colaboradores y nombrado su «Gabinete de Combate», según algunos así llamado por ser todos veteranos de la Guerra de Independencia; pero, de acuerdo con otras versiones, su nombre se derivaba del compromiso de ganar las elecciones a toda costa. El Presidente decidió aliarse al partido moderado, mientras que José Miguel Gómez era el candidato presidencial de los liberales. Se desató una campaña electoral de violencia inusitada. Baste decir que Enrique Villuendas, joven villareño liberal, que había sido secretario de la Asamblea Constituyente de 1901, fue cruelmente asesinado en Cienfuegos. En septiembre, los liberales, como antes Masó, decidieron no concurrir a las elecciones y José Miguel, aduciendo que no deseaba la responsabilidad de llevar al país a una guerra civil, se fue del país. Don Tomás fue electo y tomó posesión para un segundo mandato el 20 de mayo de 1906. La victoria no se debió sólo a la abstención de los liberales, sino a «la brava» electoral de los moderados. Fue el principio del resquebrajamiento de los valores de la democracia representativa en la República.

Pronto comenzó a hablarse de revolución. Todos los días había alteraciones del orden público. En la Cámara y el Senado se pronunciaban en contra de «la mentira del sufragio», «los comicios de bacanal». En agosto estalló la guerra. Se alzaron generales. Quintín Banderas fue asesinado y arrojado a un carretón de basura. José Miguel, que había regresado a Cuba, fue detenido. Otros quisieron mediar, pero Estrada Palma se negó. Imposibilitado de controlar la situación, llamó a su despacho al cónsul estadounidense y le pidió que trasmitiera al secretario de Estado americano su deseo de que enviaran barcos de guerra y se prepararan para intervenir en Cuba. Teddy Roosevelt, que había ascendido a la Presidencia de Estados Unidos después del asesinato de McKinley, no estaba muy convencido del beneficio de esta segunda intervención. Envió a La Habana al secretario de la guerra, William H. Taft y al subsecretario Robert Bacon. Se instalaron en la Quinta de los Molinos y recibieron a un sin fin de comisiones. Taft intentó mediar. Propuso la dimisión de Estrada Palma y la designación por el Congreso de un Presidente provisional. Pero los cubanos no se pusieron de acuerdo. Estrada Palma, sin embargo, no sólo renunció sino hizo hacer lo mismo al vicepresidente y a todo el gabinete. La República que tanto había costado fundar, quedó acéfala. En Octubre de 1906 llegaba a Cuba el nuevo gobernador-interventor, Charles E. Magoon.

VIII

EL GOBIERNO DE CHARLES E. MAGOON

El dato que el cubano de la calle repetía con más frecuencia sobre Charles E. Magoon, gobernador de Cuba del 23 de octubre de 1906 hasta el 28 de enero de 1909 durante la segunda ocupación norteamericana, era que inventó la práctica de repartir puestos a personas que no los desempeñaban: la famosa «botella». No es de extrañar. Un gran número de historiadores e intelectuales de la República –Ramiro Guerra, Enrique José Varona, Carlos Márquez Sterling, Calixto C. Masó, entre otros – criticaron fuertemente la corrupción del gobierno de Magoon, que sin duda él no inventó, pues abundaba en las administraciones coloniales, pero sí la introdujo como un procedimiento republicano, en contraste con la honestidad que predominó durante la presidencia de Don Tomás Estrada Palma.

Magoon asumió el mando de la isla de manos de William H. Taft, secretario de la guerra de Estados Unidos. Taft lo ejerció por breves días, del 29 de septiembre al 13 de octubre de 1906, pero lo suficiente para alcanzar casi totalmente el desarme y la dispersión de los insurrectos, y para trazar directrices sobre lo que debía ser la política americana en Cuba.

La labor de Magoon debía estar encaminada, según deseos del Presidente Theodore Roosevelt, a restablecer la paz, convocar a nuevas elecciones y devolver a los cubanos el gobierno de la isla. Su labor no era fácil. Por una parte, coincidió con un período de depresión económica. La guerra de agosto, un huracán que había azotado la isla en octubre de 1906 y la crisis bancaria de 1907 habían hecho que disminuyera la zafra. Otros renglones se vieron igualmente perjudicados. Por otra, los cubanos se encontraban profundamente divididos. Y el gobernador americano, a pesar de desempeñarse como abogado y político en su país, y de su experiencia en las Filipinas y en Panamá, no entendía aquel guirigay criollo.

Para aliviar la situación económica ideó crear una nueva ley bancaria. Se establecieron nuevas instituciones financieras, pero la política crediticia no se alteró fundamentalmente. Un amplio proyecto de Obras Públicas tuvo resultados más concretos. Dio trabajo a obreros, abarató el transporte y dotó a la isla de 800 kilómetros de carreteras, 600 de vías férreas, otros tantos de calles pavimentadas y nuevos puentes, alcantarillados y acueductos. Los detractores de Magoon señalan, sin embargo, que los gastos no fueron debidamente fiscalizados y que las obras beneficiaron también a individuos influyentes tanto cubanos como extranjeros.

Las condiciones económicas y sociales produjeron la movilización de ciertos sectores. Dos eventos merecen particular atención. El primero, la petición de la Liga Agraria, agrupación de hacendados azucareros, de que se creara un mecanismo que les permitiera hacer recomendaciones al gobierno con respecto a la agricultura. Fue así creada la Comisión Consultiva Agraria, que en efecto sugirió leyes favorables al desarrollo de los capitales cubanos. Solicitaban, por ejemplo, la libre importación de ganado, un préstamo de $3 millones de pesos para los productores de azúcar y tabaco, la creación de un tribunal de arbitraje entre patronos y obreros, y un colegio de agricultura. Pero las propuestas de los hacendados no prosperaron. Los obreros, sin embargo, corrieron mejor suerte. Magoon falló a su favor en la «huelga de la moneda», iniciada en febrero de 1907 por los tabaqueros de La Habana. Se le llamó así porque los trabajadores reclamaban el pago de salarios en moneda norteamericana, de mayor poder adquisitivo que otras monedas que circulaban en el país. Incluso los obreros organizaron un acto de agradecimiento al gobernador americano, que fue muy criticado por el ala radical. Pueden interpretarse de diversas maneras los móviles del gobernador estadounidense, pero en apariencia al menos se trata de un caso en que los vecinos del norte favorecieron más a las clases trabajadoras que a la burguesía criolla.

Zanjar las diferencias políticas de los cubanos era tarea ardua. Magoon se había encontrado «en Cuba tantas ambiciones y tantos y tan variados grupos políticos que no pudo nombrar a los cubanos en las secretarías del despacho, y en su lugar, interinamente, designó supervisores a generales americanos(...)». Esta solución, naturalmente, era sólo provisional. Había que buscar la fórmula que le permitiera al país encaminarse de acuerdo con los postulados de la Constitución de 1901, novedosos para Cuba pero que no podían aplicarse sin una serie de leyes complementarias. Muchos atribuyen el temprano fracaso republicano a la ausencia de estas leyes, de lo cual era responsable no tanto Don Tomás sino la pobre actividad de los primeros legisladores. Aún en 1906 el gobierno se mantenía tan centralizado como en la era colonial. Para estructurar una república sobre cimientos sólidos, hacía falta una reforma jurídica y legislativa. Con ese propósito se creó la Comisión Consultiva. El general Enoch G. Crowder la presidió con Juan Gualberto Gómez como vocal secretario. Sus miembros eran personalidades conocidas, de distintas tendencias sociopolíticas. Hubo discrepancias, a menudo agudas, pero al final se logró un código electoral, criticado por muchos historiadores, especialmente estadounidenses, por el lenguaje barroco e intrincadas disposiciones. Con el paso de tiempo, sin embargo, los cubanos han reconocido su valor pues «la comisión creó las condiciones para la aplicación de la Constitución de la República. Le ofreció al poder legislativo una Ley Electoral, que a pesar de sus limitaciones, era muy superior a todo cuanto había existido hasta ese momento. Armonizó y reglamentó las funciones del Poder Ejecutivo, además de vigorizar la independencia el Poder Judicial. En especial, contribuyó a organizar la vida municipal y provincial, de extrema importancia para el país, así como a regularizar el sistema de impuestos locales y metodizar la contabilidad de los municipios, de las provincias y del gobierno central»." El nuevo Código Electoral dejaba el camino trillado para la próxima contienda electoral.

IX

LA CAMPAÑA ELECTORAL DE 1908

En su libro «Cuba y su cultura», Raúl M. Shelton achaca los fracasos de los primeros años de la República a que «bajo el régimen colonial, se habían desarrollado una pléyade de hombres de pensamiento, intelectuales con una ideología romántica y utópica, pero no se habían creado hombres de pensamiento pragmático (...)». Señala que la política se caracterizaba por el regionalismo, el caudillismo y las ambiciones personales. Añade como elementos negativos «las barreras racistas; las distinciones de clases; el nepotismo; el analfabetismo; las limitaciones del transporte (...)», así como la presencia de un gran número de españoles y de norteamericanos con afanes de lucro, que lejos de aportar a la creación de una cultura nacional, la desestabilizaban.

Quizás por ello la Junta Patriótica, organizada después de la Segunda Intervención Norteamericana, y que agrupaba a las minorías radicales en torno a Gaspar Cisneros Betancourt, Marqués de Santa Lucía y al ideal independentista, no recibió gran calor. La Junta, cuyo órgano de difusión era el periódico «La estrella solitaria», no dejó de exigir la derogación de la Enmienda Platt, a la cual atribuían muchos de los quebrantos de la joven República. El movimiento contaba con figuras destacadas como Manuel Sanguily, Enrique Collazo, Eusebio Hernández, Carlos García Vélez, Fermín Valdés Domínguez y Enrique Loynaz del Castillo, entre otros. ¿Eran estos los utopistas a quienes se refiere Shelton?

En este ambiente se produce la campaña electoral de 1908. El Partido Conservador postuló al General Mario García Menocal, que intentó recoger los restos dispersos del estradismo y unirlos en torno a un programa que invocaba el orden, la moderación y la paz. Menocal procedía de una familia de abolengo. Había peleado en la Guerra del 95. Educado en Estados Unidos, hablaba perfectamente el inglés y administraba un central norteamericano. Quizás podía decirse que era un cubano pragmático.

El Partido Liberal, concebido por Máximo Gómez como heredero del Partido Revolucionario, según el historiador Jorge Ibarra «se había convertido en el instrumento de poder de una clase media arruinada (...)» Después de oponerse con las armas a la reelección de Estrada Palma, los liberales se dividieron durante el gobierno de Magoon. Un bando apoyaba la candidatura de Alfredo Zayas y otro la de José Miguel Gómez. Zayas pertenecía a una notable familia. Era poeta, abogado, escritor. Veía la política como una profesión. Representaba a los sectores profesionales de las zonas urbanas y a los que habían luchado en la clandestinidad contra el colonialismo español. Muchos veteranos, sin embargo, no le perdonaban su paso fugaz por el autonomismo, producto de la devoción a su padre.

José Miguel, nacido y criado en Las Villas, había recorrido a caballo las sabanas, y le atraía el contacto con la naturaleza. De familia acomodada, y educado en el colegio de los Jesuitas de Santi Spíritus, poseía sin embargo una labia guajira que contrastaba con la frialdad de Zayas. Contaba con la mayoría de la oficialidad mambisa –se había destacado en la Guerra del 68 y en la del 95– . Su provincia natal le respondía en bloque. Era un caudillo.

Algunos historiadores atribuyen la división entre «zayistas» y «miguelistas» no tanto a las diferencias de sus personalidades como a las batallas por el reparto de prebendas otorgadas por la «Comisión de Destinos», creada durante el gobierno de Magoon. El objetivo de la comisión es también objeto de debates históricos. Unos apuntan a una fórmula de Magoon para contentar a estradistas y liberales. Otros lo ven como un siniestro plan norteamericano para dividir y corromper a la dirigencia política cubana. Incluso hay historiadores que no justifican pero explican la lucha entre cubanos por los puestos públicos a la luz de los pocos espacios que les habían dejado disponibles para la movilidad social y económica. Recuérdese que gran parte de las tierras y el comercio estaban bajo el control de españoles y estadounidenses.

Lo cierto es que la campaña entre «zayistas» y «miguelistas» fue subiendo de tono. Abundaban las acusaciones. Se ponía en duda el patriotismo de ambos. Las divisiones tuvieron como consecuencia que los liberales pedieran las elecciones municipales. Después del alzamiento de 1906 y de la intervención estadounidense ¿podría darse el caso de que perdieran en las urnas? Triunfó el pragmatismo. Se unieron. El general se alzó con la postulación presidencial y Zayas aceptó ir como su vice. Durante la contienda electoral, las tribunas liberales se llenaron de fogosos oradores con enardecidos mensajes antiplattistas y antinjerencistas. Incluso se pronunciaron amenazas contra los interventores del norte. Se argüía que una victoria conservadora sólo podía atribuirse a una adulteración de los resultados en las urnas, amparada por el gobierno. Por fin, en noviembre de 1908 los liberales ganaron los comicios contra Menocal y su candidato a la vice presidencia, Rafael Montoro, por un amplio margen de 200,000 contra 130,000. El 28 de enero de 1909 –aniversario de natalicio de José Martí– el gobernador Charles E. Magoon le entregó el mando de Cuba al general José Miguel Gómez, segundo presidente de la República.

X

LA MUJER EN LOS PRIMEROS AÑOS DE LA REPÚBLICA

La mujer cubana jugó un papel importante en las guerras de independencia, no sólo pasivamente, al apoyar de diversas maneras a los hombres –padres, esposos, novios, hermanos, hijos– sino de forma activa. En el extranjero recaudó fondos e hizo gestiones diplomáticas. En la isla, sirvió de enfermera, cosió uniformes y banderas, burló las autoridades coloniales para trasmitir mensajes, conspiró y se fue a la manigua –muchas veces con sus hijos pequeños–, donde pasó hambre y vicisitudes. También combatió con las armas en la mano. Cuando se fundó la República, sin embargo, sus derechos no fueron tomados en cuenta. La Constituyente de 1901 adoptó el sufragio universal, pero esa «universalidad» excluía la porción femenina de la población. Además, los códigos civiles y penales españoles que se mantuvieron vigentes delineaban claramente los papeles tan distintos que debían jugar hombres y mujeres. Cuba era, como casi todo el resto del mundo, una sociedad patriarcal.

Algunas pocas cifras bastarán para hacernos una idea del papel de la mujer al terminar la guerra. Según el censo de 1899, en esa fecha sólo 3,830 mujeres habían completado un nivel de educación superior. (Esta cifra incluye a enfermeras y maestras.) Con todo, la diferencia en la tasa de analfabetismo entre la población masculina y fémina era sólo de 3%. (55% para los hombres, 58% para las mujeres.) Había, sin embargo, una gran distancia entre blancas y negras, pues un 70% de las últimas no sabía leer ni escribir. También la tasa de analfabetismo era más alta en el campo que en las ciudades

La falta de educación así como los valores de una sociedad para la cual el lugar de la mujer era la casa, afectaba el trabajo. Las mujeres constituían sólo el 10.6% de la fuerza laboral. El 63% de las que trabajaban lo hacían en el servicio doméstico, 16% en factorías e industrias, 10% en la agricultura, 2.4% en puestos profesionales y un 1% en comercio y transporte. Naturalmente que también había formas de ganarse la vida que no aparecían en el censo. Por ejemplo, se calcula que había en esos años unas 2,440 prostitutas, un número considerablemente mayor que las 1,628 profesionales censadas.

Vale mencionar que el gobierno interventor abrió espacios a la mujer en la administración pública en puestos de oficinistas, mecanógrafas y taquígrafas, que antes solían ocupar los hombres.

Los cubanos comprendían claramente que el desarrollo de la nación dependía en gran medida de la educación que recibieran sus ciudadanos. Como la Constitución de 1901 había determinado la separación del estado y la iglesia, la reforma del sistema de educación pública creaba una necesidad urgente de nuevos maestros. Los líderes políticos extendieron a las mujeres el campo de la enseñanza pública, ya que su presencia en el aula se veía como una extensión de sus labores naturales como madre, aunque, por ley, sólo mujeres solteras podían ocupar las plazas. Por esta vía, se abrió para la mujer un camino, aunque estrecho, al mercado de trabajo, la cultura y las responsabilidades sociales fuera del hogar.

Se enviaron 1,000 cubanos –hombres y mujeres– a tomar cursos para formación de maestros a la Universidad de Harvard. También se ofrecieron clases de verano. Pero las canteras principales, de donde surgieron las maestras que tendrían a su cargo la educación de generaciones de cubanos, fueron las Escuelas Normales. La primera fue fundada en 1906 durante la Segunda Intervención. Luego, a lo largo de las próximas décadas, surgirían otros centros docentes que fueron especialmente influyentes en la educación de las mujeres y futuras maestras, como la Escuela del Hogar.

Nos encontramos, pues, que a principios de la República el Código Civil Español de 1889, aún vigente, hacía a la mujer y a sus hijos totalmente dependiente del esposo; y que los niveles de educación y el por ciento de mujeres en el mercado laboral eran bajos. Por otra parte, La Habana en especial se iba convirtiendo en muchos aspectos en una ciudad moderna y cosmopolita. El Vedado crecía. La vida cultural se expandía. París influía sobre la moda y los Estados Unidos sobre otros aspectos de la vida cotidiana. Surgía asimismo entre la población femenina una elite ilustrada a la que pertenecían mujeres como María Luisa Dolz, pionera en el campo de la educación moderna. Nacida en La Habana en 1854, Dolz se rebelaba ante el concepto de la inferioridad legal e intelectual de la mujer. Creía en la educación como clave para alanzar la justicia social y la soberanía nacional. En 1879 era ya profesora del Colegio Isabel la Católica –al que luego se le dio el nombre de María Luisa Dolz– donde se forjaron generaciones de jóvenes educadoras imbuidas de un pensamiento nacionalista, independentista y feminista, dentro de los estrechos límites de la época. Esta escuela era sin duda para una clase privilegiada. Y de esa clase, en gran medida, saldrían pocos años después muchas de las principales animadoras del movimiento sufragista y feminista.

XI

EL GALLEGO Y EL NEGRITO

Mientras que al independizarse de España la mayoría de las naciones latinoamericanas cerraron sus puertas a los peninsulares, en Cuba sucedió lo contrario. Y no sólo porque la situación en el segundo cuarto del siglo XIX fuera distinta que a principios del XX, sino porque en la tierra de Martí nunca germinó el resentimiento contra los «gachupines», bastante generalizado en otras jóvenes repúblicas del continente. Además, la política migratoria estaba encaminada en gran medida a «blanquear» la isla. De 1898 a 1901, llegaron 70,000 inmigrantes a Cuba, de los cuales 55,000 eran de la Madre Patria. Las cifras fueron en aumento en las primeras décadas del siglo. De 1902 a 1907 unos 155,000 inmigrantes desembarcaron en costas cubanas. La mayoría eran hombres. Provenían principalmente de Asturias, Galicia y las Islas Canarias. Muchos no sabían leer ni escribir. Tampoco tenían oficio. Y llegaban con poco más que la ropa puesta, las alpargatas y unas escasas monedas. Pero eran jóvenes, fuertes, y traían consigo la determinación de trabajar duro, hacer dinero, ahorrar y regresar ricos a sus pueblos. Saturaron los mercados de trabajo.

Aunque no todos los españoles que residían en Cuba se quedaron después de la independencia, los que llegaban superaban en número a los que se iban. En realidad, la mayoría mantuvieron su residencia en la antigua colonia, así como el control de gran parte del comercio. Favorecían a los empleados españoles, por solidaridad nacional, por lazos de familia en muchos casos y porque los españolitos estaban imbuidos de ese ímpetu por salir adelante que suele acompañar a todo inmigrante. También los patronos norteamericanos favorecían a los españoles. Un informe del Departamento de Trabajo de los Estados Unidos de 1902, los describe como robustos y dóciles, y, «en contraste con los cubanos», frugales, poco jugadores y más dados a permitir que los patronos les guardaran sus ahorros. En fin, era más fácil explotarlos.

Los españoles competían con los cubanos en todas las esferas del mercado laboral –en el campo y las fábricas, las minas y las bodegas, la construcción y los servicios. Una tercera parte se quedaban en La Habana. En Oriente, las minas de hierro empleaban unos 4,000 trabajadores, la mayoría españoles. Sesenta por ciento de los trabajadores empleados para la construcción del ferrocarril por compañías americanas e inglesas eran también españoles. Según el censo de 1907, de 20 a 30% de los panaderos, barberos, sastres, ferreteros, carpinteros, albañiles, electricistas, zapateros, mecánicos y obreros de la construcción eran extranjeros, así como un 50% de los marineros, obreros del ferrocarril y vendedores de carbón. Un 96% de los empleados en las minas no eran cubanos. Las cifras todas apuntan a una triste verdad. Los cubanos habían luchado 30 años por su independencia, pero la victoria había sido pírrica. Donde quiera que fueran, encontraban dificultades para integrarse a la vida de la República por la que tanto habían luchado. El desempleo, el subempleo y la depresión de los salarios dominaban el mercado de trabajo.

Para los negros la situación era incluso peor. Igual que ocurrió con las mujeres, no sólo habían participado activamente en las guerras independentistas, sino alcanzado posiciones de poder. Con la disolución del Partido Revolucionario, el gobierno provisional y el ejército libertador, la población negra perdía las instituciones en las que había obtenido sus mayores logros. No se crearon otras nuevas donde tuvieran cabida. Además, hombres y mujeres que habían sido liberados de la esclavitud hacía sólo pocos años, enfrentaban problemas adicionales, como una tasa desproporcionada de analfabetismo: 72%, comparada con 49% para el total de la población. Como sólo podían votar los hombres que supieran leer y escribir, en el caso de la población negra el porcentaje era muy bajo. En la administración pública, que fue el campo donde los cubanos tuvieron más espacio, la discriminación contra los negros fue obvia, lo cual no debe extrañar, si se conoce la situación racial en Estados Unidos en esa era, y se recuerda que la base de la estructura institucional de la República se creó durante el primer gobierno interventor. Basten dos ejemplos. Mientras que según el censo de 1907 los ciudadanos de la raza negra alcanzaban el 33% de la población, de los 5,524 maestros, apenas 440 eran de esa raza, y sólo había 1,718 soldados y policías negros de los 6,520 inscriptos en las fuerzas armadas.

La farándula reflejaría algún tiempo después la idiosincrasia y algunos de los problemas de los cubanos negros y de los inmigrantes españoles en el inolvidable binomio de Garrido y Piñeiro, con sus interpretaciones de "el negrito y el gallego». Pero a principios de la República los problemas eran mucho más serios de lo que el humor criollo permitiría ver. Tales eran algunas de las condiciones que enfrentaba la sociedad cubana cuando José Miguel Gómez tomaba posesión como segundo presidente de la República en 1909.

XII

ASPECTOS POSITIVOS DE LA PRESIDENCIA DE JOSÉ MIGUEL GÓMEZ

Aunque había alcanzado el grado de mayor general en el Ejército Libertador, José Miguel Gómez era un político nato y un caudillo regional de base agraria. Hacendado, comprendía plenamente los valores y costumbres de una sociedad entonces todavía en gran parte rural. Mediano de estatura, grueso, de mirada vivaz y amplio bigote, era simpático y astuto. Tenía «carisma». Uno de sus contemporáneos, Orestes Ferrara lo describe así: «Serio, firme, y sin embargo tolerante y comprensivo, era admirado por su pueblo». El historiador Octavio R. Costa lo califica como «el más popular de los políticos cubanos» de su época y alude a su «personalidad arrolladora». Su imagen pública se veía adornada por una familia joven, con numerosos hijos, que lo rodeaba.

El período de 1908 a 1912 fue fecundo en muchos aspectos, aunque no todo lo bueno ni todo lo malo que ocurre en un período presidencial puede atribuírsele directamente al jefe de gobierno. Durante esos años el número de legaciones y embajadas cubanas aumentó y se ampliaron las relacione diplomáticas. Se organizó el ejército permanente y se amplió la marina. Las leyes orgánicas de los poderes Ejecutivo y Judicial se modificaron y se le dio mayor autonomía a las provincias y los municipios. Se modernizaron los códigos de comercio y de procedimientos civiles e hipotecarios, que se habían mantenido intactos desde la colonia. Innovaciones técnicas que se habían iniciado en los centrales azucareros hacía dos décadas cobraron nuevo auge, Aumentó la productividad de las unidades industriales. El sector azucarero continuó una notable expansión.

Se construyeron casas para obreros. Más importante aún, aparecieron los primeros atisbos de una política social con la ley Arteaga que prohibía el pago de salarios en vales o fichas, práctica que permitía la explotación de los obreros.

En el orden de la cultural y la educación, durante la Presidencia de Gómez se creó la Academia de la Historia y la de las Artes y Letras. Se fundó el Museo Nacional. La Biblioteca y el Archivo Nacional mejoraron. Abrieron 150 nuevas aulas de enseñanza primaria. Las Juntas de Educación se reorganizaron. Para la enseñanza práctica de la agricultura, se establecieron granjas-escuelas en todas las provincias. Se redujo el costo de la matrícula en los institutos de Segunda Enseñanza y en la Universidad de La Habana. Se autorizaron las escuelas privadas. Se fundó la Cruz Roja Nacional. Se reglamentó el ejercicio de la profesión de Farmacia.

Un moderno servicio telefónico quedó establecido. Se crearon el Gabinete Nacional de Identificación y el Banco Territorial de Cuba. La Habana y Cienfuegos fueron pavimentadas y estrenaron sistemas de alcantarillado. Se construyeron acueductos y los Palacios de Justicia de Matanzas y Pinar del Río. En otras palabras, durante el gobierno de José Miguel Gómez se produjo la consolidación institucional de la República.

«El héroe de Jíbaro», como también se le conocía, gustaba rodearse de gente capaz. Cuando formó su gabinete incluyó a los partidarios de Alfredo Zayas, sus antiguos adversarios políticos. Y cuando había alguna situación que amenazaba la marcha pacífica del país, llamaba a Palacio a todas las partes, y como un patriarca criollo intentaba zanjar las diferencias. A menudo se veía subiendo las escaleras del viejo caserón de las capitanes generales a don Enrique José Varona, a quien el Presidente llamaba a consulta, pues admiraba la prudencia y la sabiduría del escritor y maestro.

Pero no todo fue bueno durante la Presidencia de José Miguel Gómez. Lamentablemente, hubo también graves aspectos negativos.

XIII

EL LARGO BAÑO DEL TIBURÓN

Uno de los problemas mayores de la presidencia de José Miguel Gómez fue la corrupción. A menos de un año de su toma de posesión, en noviembre de 1909, el General Enrique Loynaz del Castillo denunciaba «la ratería oficial del enorme presupuesto» y pedía que se castigara la «bacanal administrativa». Como al amparo de las «filtraciones» y «comisiones» de las contratas de proyectos legítimos, se enriquecieron desde ministros, subsecretarios, legisladores, administradores de aduana, jefes de negocio, hasta empleados de mínima categoría como ujieres y mensajeros, la musa popular, que había apodado al primer mandatario con el mote de Tiburón, acuñó la frase, *El tiburón se baña pero salpica*.

La corrupción de este período ha sido justificada de varias maneras. Algunos aducen que dado que el comercio había quedado en manos de los españoles y que los cubanos no tenían capital para competir con tantas inversiones americanas e inglesas, se trataba de la única forma que tuvieron para mejorar sus situaciones económicas. Es más, hay quien argumenta que mucho del dinero de estos negocios provenía de préstamos de bancos y entidades extranjeras, no de los impuestos pagados por los ciudadanos. Por tanto, la larga mano de los cubanos deshonestos aseguraba al menos que parte de las ganancias sirviera para estimular la economía nacional y no los bolsillos ajenos. Otros han argüido que dada la pobreza y el sacrificio de los años de la guerra, al prosperar la economía, era natural que los cubanos aspiraran a una vida mejor y se aprovecharan de la situación. Hay quienes culpan a los políticos y salvan de responsabilidad a los cubanos de a pie. No falta quien atribuya los orígenes de la deshonestidad administrativa a prácticas de la colonia o de las intervenciones americanas, en especial la segunda. Por otra parte, la austeridad de Don Tomás Estrada Palma se ha calificado de «tacañería» y de freno al desarrollo económico, y se ha apuntado que paralelo al enriquecimiento ilícito de algunos, el país prosperó durante el período de Gómez.

Independientemente de las causas, las consecuencias a corto y largo plazo de la falta de transparencia en los asuntos público fueron profundas y aún acosan a Cuba. Por una parte, el usufructo de la República por muchos que no habían peleado por su independencia, fue visto como una injusticia por los veteranos, que organizaron protestas. Surgió una clase de nuevo ricos, que construyeron lujosas casas, especialmente en el Vedado. Carlos Márquez Sterling los describe así: «A los *levitas* de la colonia los sustituían los *bombines* de la República. El bombín era un aprovechado de todas las situaciones (...) refugiados en sus rentas, en sus hipotecas, en las minutas de sus bufetes, en los honorarios de sus notarías, en las cuotas de sus consultas o en la resonancia de sus apellidos, (los bombines) recibían los beneficios de aquellos negocios (...), y jamás salían a votar, porque lo consideraban una ofensa». Muchos miembros de esta nueva clase ocuparon posiciones públicas para las que eran designados pero desdeñaban al que buscaba su base política voto a voto en los pueblos y municipios. Surgió una inversión de valores, en que el que se aprovechaba del erario público se admiraba por «vivo» y al honesto se le miraba con cierta lástima por «bobo». Y es en este orden, el de los valores, en que el daño ha sido mayor.

Indudablemente, y sin negar la honestidad de muchísimos hombres y mujeres que durante la República (al igual que durante la Revolución y en el exilio) han servido a Cuba desinteresadamente, la corrupción ha sido un mal endémico entre los cubanos. Claro que no es pecado exclusivo de los hijos de la Perla de las Antillas. Abunda por igual en otras sociedades y muy en especial al Sur (y también al Norte) del Río Grande. Por eso se hace necesario un estudio a fondo de este pecado nacional para entender las causas y las consecuencias no sólo de los hechos en sí, sino del daño moral a la sociedad de donde de surgen. (En 2006 se publicó un magnífico libro sobre este tema de Sergio Díaz-Brisquets y Jorge Pérez López.)

Emilio Ichikawa, nacido en Cuba en 1962, donde estudió Filosofía y donde fue profesor de dicha disciplina por más de una década, ha publicado, bajo el sello de Ediciones Universal, un inquietante ensayo, «Contra el sacrificio», en el que dedica un capítulo a esta tema bajo el título de «Cuba: La corrupción como norma moral». Ichikawa observa, con razón, que «La corrupción malogra las democracias, desprestigia las instituciones y desaliente a los pueblos». Pero no sólo socava las democracias. También al comunismo. El autor asegura con respecto a la Cuba actual que «El nivel de sanción moral a la llamada corrupción casi ha desparecido...». Añade: «apenas escandaliza porque se ha hecho rutina».

En la isla sin duda habrá un y mil argumentos para negar o racionalizar la corrupción como los ha habido con respecto a cubanoamericanos en la política de Estados Unidos y como los hubo y continúan en el tintero sobre la República. Ninguno me convence. Por eso he querido hacer un alto en esta cronología republicana para incitar a los lectores a pensar con profundidad sobre un vicio que nos mancha durante un siglo. No tengo respuestas. Baste por el momento plantear la interrogante y la inquietud al repensar nuestra historia.

XIV

EL PARTIDO INDEPENDIENTE DE COLOR

Blancos y negros lucharon juntos en el Ejército Libertador en las guerras de independencia de Cuba. Sin embargo, al inaugurarse la República no se tuvo en cuenta a la población negra. Algunos historiadores señalan que la discriminación se acentuó con la primera intervención americana. Por ejemplo, se evitaba la presencia negra en actos oficiales para no provocar los temores y prejuicios raciales de los vecinos del Norte. Incluso personalidades como Juan Gualberto Gómez lo aceptaban, según algunas fuentes, como un mal necesario para no prolongar la ocupación extranjera. Hubo incidentes penosos. En una ocasión, la invitación a un acto oficial dirigida al senador Martín Morúa Delgado excluía a su esposa, cuando en el caso de los demás legisladores se incluía a los cónyuges. No era este tipo de conducta social lo peor. De mayor gravedad fue, por ejemplo, que se pusieran trabas al ingreso de los ciudadanos negros en la policía. No en balde en 1902 los Veteranos de Color organizaron una protesta.

Dentro de la difícil realidad económica que sufrían los cubanos al terminar la guerra, los negros eran quienes estaban en peor situación. Hicieron esfuerzos por unirse y participar en la vida pública, sin éxito. En agosto de 1908 se fundó el Partido Independiente de Color, pues la población negra no confiaba que los partidos existentes los ayudarían a cambiar sus condiciones de vida. Durante la primera reunión, el 20 de septiembre de ese año, en el Parque del Cristo de La Habana, las 200 personas allí reunidas fueron interrumpidas por opositores que comenzaron a dar gritos a favor de José Miguel Gómez y Alfredo Zayas, líderes del partido liberal. El mitin acabó disuelto por la policía. Los informes de la época revelan que se calculaba entre cuatro y cinco mil los seguidores de Evaristo Estenoz, la primera figura del PIC. Fue suficiente para que en Washington observaran los acontecimientos con temor. También corrieron rumores de que los negros estaban pagados por los conservadores para derrotar a las liberales en los próximos comicios. Con todo, el Gobierno de Magoon permitió al PIC tomar parte en las elecciones del 14 de noviembre de 1908, y el Partido presentó candidatos a la Cámara de Representantes por La Habana y Santa Clara.

No todos los negros apoyaban el PIC. Juan Gualberto Gómez y Morúa Delgado, que tenían sus discrepancias entre sí, temían se erosionara su liderazgo sobre este sector de la población, cuyos votos el Partido Liberal, en que ambos militaban, necesitaba para ganar. En definitiva, los liberales obtuvieron una arrolladora victoria. Ninguno de los candidatos del PIC recibió más de 116 votos. El propio Estenoz obtuvo menos de 100, a pesar de que el periódico *La Lucha* apoyó grandemente al PIC y publicó de continuo las fotos de los candidatos en las semanas previas a la elección. Tampoco los dos candidatos negros de los liberales alcanzaron bancas en el Congreso, pese a que recibieron más de 48,000 votos cada uno.

La plataforma política del PIC es digna de estudio. Opinaban los negros no sólo que estaban excluidos de la vida política del país, sino que existía un programa deliberado para el exterminio de su raza. Apoyaban un proyecto para propiciar el regreso a la isla de exiliados negros pobres que no tenían recursos para hacerlo. Demandaban una política de puertas abiertas a la inmigración negra a Cuba, restringida desde 1898. Se sentían discriminados por el sistema judicial, dominado por jueces blancos, por lo cual favorecían el sistema de jurados compuestos por ciudadanos de todas las razas. Se oponían a la pena de muerte, pues observaban que se cumplía casi exclusivamente en el caso de reos negros. Exigían reformas en el sistema de prisiones, incluyendo programas educacionales y de rehabilitación.

Otro de los objetivos del PIC era un sistema educacional completo y gratuito que incluyera entrenamiento vocacional, universitario y de Escuelas Normales para la formación de maestros. Se oponían a los colegios operados por la iglesia, pues opinaban que perpetuaban una ideología contra los negros y los cubanos. Aspiraban a la creación de escuelas navales y militares que entrenaran a negros y blancos en la carrera de las armas y ofrecieran a ambos las mismas oportunidades.

El programa del PIC exponía la necesidad de reformas laborales. Pedía jornadas de ocho horas, leyes para proteger a los niños que trabajaban, y seguros contra accidentes en el trabajo. Demandaba que los cubanos recibieron preferencia sobre los inmigrantes en la industria y el comercio. Reclamaba tribunales laborales para mediar en las disputas entre empleados y patrones. Y, finalmente, planteaba la distribución de las tierras del estado a campesinos cubanos y su protección de cara a las grandes compañías extranjeras.

En resumen, era un proyecto que velaba por el bienestar de los cubanos negros y blancos, imbuido al mismo tiempo de un profundo sentimiento nacionalista. Indudablemente que las demandas del PIC eran justas. ¿Estaba el país preparado, desde el punto de visto político, social, y económico para satisfacerlas? Visto con la perspectiva del tiempo, los acontecimientos tomaron sin duda un mal rumbo que pudo haberse evitado.

XV

UNA PÁGINA NEGRA

El 17 de febrero de 1910 los senadores Martín Morúa Delgado, Antonio González Pérez y Tomás Recio presentaron al Senado de la República una enmienda a la ley electoral para declarar ilegales todos los partidos políticos y organizaciones basadas en raza, clase, lugar de nacimiento o profesión. Su principal propósito era lograr la disolución del Partido Independiente de Color (PIC). Los liberales, que tenían mayoría en ambas cámaras, la apoyaron con entusiasmo. Los conservadores se opusieron. En el Senado llevó la voz cantante en contra de la enmienda Salvador Cisneros Betancourt; entre los Representantes, José Antonio González Lanuza, quien explicó que defendía el derecho de los negros a organizarse, aunque no estaba de acuerdo con lo que planteaban. Recordemos que los términos «conservador» y «liberal» no tenían el mismo significado en la Cuba de hace un siglo que en el mundo actual. Cisneros Betancourt, por ejemplo, era un hombre de pensamiento extremadamente avanzado para su época. Por otra parte, políticamente, los liberales no habían visto con buenos ojos la creación del PIC pues erosionaba el apoyo que recibían de los votantes negros, mientras que a los conservadores les beneficiaba este debilitamiento de sus adversarios políticos. Tras largos debates, el proyecto fue aprobado y se le conoce como la Ley Morúa.

Evaristo Estenoz, uno de los principales líderes del PIC, ya había estado preso por las proclamas publicadas en *Previsión,* periódico que servía como órgano del partido, del cual era director. Al salir de la cárcel visita al ministro americano en Cuba, John B. Jackson. Estenoz sostenía que el gobierno interventor americano había reconocido la legalidad del PCI al permitirle participar en las elecciones de 1908 y por tanto merecía su apoyo. Jackson vio las cosas con otro prisma. Sugirió a Washington que políticos blancos manejaban los hilos del

PIC para provocar disturbios raciales, la intervención americana y hasta la anexión de la isla a los Estados Unidos. El Ministro, sin embargo, opinaba que el gobierno tenía la situación controlada y que los negros no poseían la capacidad suficiente para organizarse. Los líderes del PIC ya se habían dirigido al Presidente José Miguel Gómez para protestar contra la Ley Morúa. Continuaron haciendo esfuerzos porque se abrogara. Estenoz y otros líderes del PIC, como Pedro Ivonnet, fueron arrestados de nuevo, bajo cargos de pertenecer a una organización ilegal. Se impuso una alta fianza que no pudieron pagar hasta seis meses después. El abogado que los defendió, el General Freyre de Andrade, era una figura prominente del partido conservador, lo cual fortaleció las inquietudes de los americanos de que las cosas, metafórica y realmente, no eran tan en blanco y negro.

Durante el presidio de Estenoz e Ivonnet el PCI fue disuelto. Un sector del partido veía la insurrección como el único camino para hacer valer su causa. Estenoz se oponía, pero finalmente accedió a abandonar la lucha política. El 20 de mayo de 1912, exactamente una década después de inaugurarse la República, varios cientos de negros tomaron las armas y se alzaron contra el gobierno en los pueblos de La Maya, Guantánamo y Holguín. Ese mismo día salieron del Cuartel de Columbia hacia la provincia de Oriente 300 soldados en un tren blindado. Al otro día, 500 más. Para el 24 de mayo ya el gobierno tenía 2,000 hombres en la zona.

Mientras, en La Habana, el Consejo Nacional de Veteranos se reunía para estudiar la situación. Tomaron la medida, que comunicaron al Presidente Gómez, de formar un cuerpo de voluntarios y luchar al lado del gobierno. Según el historiador Serafín Portuondo Linares, en libro publicado en 1950, los veteranos tomaron tal decisión sin considerar que el segmento más oprimido de la población, que había luchado con ellos en el Ejército Libertador, protestaba contra una ley que consideraba injusta. Al menos, los veteranos hubieran podido intentar mediar, como hicieron en 1906 entre liberales y conservadores, aunque sin éxito.

La sublevación negra significaba una amenaza a los intereses económicos de los Estados Unidos en Cuba. El Presidente Taft no estaba satisfecho con la gran movilización, por tierra y por mar, de las fuerzas armadas y los voluntarios cubanos para sofocar el alzamiento. Envió tres acorazados a la costa Sur de Oriente. El Presidente Gómez protestó e intensificó los esfuerzos para poner fin a la violencia. El 1 de junio ya había 5,000 soldados en Oriente y un número indeterminado de voluntarios. El odio racial crecía a la par que los rumores. Se le permitió a los blancos llevar armas sin licencia. Hubo motines en La Habana. Incluso una multitud blanca linchó a un negro.

En Oriente los cubanos que antes habían peleado juntos contra España ahora lo hacían unos contra otros. Ambos lados sufrían bajas. El gobierno aseguraba a Washington que dominaría la situación. Suspendió las garantías constitucionales en la provincia y pidió fondos adicionales al Congreso para comprar equipos bélicos. Con todo, el gobierno americano desembarcó tropas para proteger sus propiedades, aunque no participaron en la lucha armada ni tomaron las riendas del país, como en las dos intervenciones anteriores.

La masacre contra los negros fue brutal. En muy pocos días, se estima que 3,000 fueron muertos. Estenoz cayó en combate el 12 de junio. Hay fuentes que indican que Ivonnet fue capturado y asesinado poco más de un mes después. Exhibieron ambos cadáveres en el Cuartel Moncada. La insurrección fue liquidada. En los libros de historia cubana se le conoce como «la guerrita de los negros».

Esta página de nuestra historia, que comienza a salir a la luz a través de estudios claves como los de Rafael Fermoselle y el de Alejandro de la Fuente, entre otros, invita a meditar al menos sobre tres puntos. En primer término, las relaciones raciales en Cuba. En segundo, las consecuencias más sutiles de la Enmienda Platt, que provocan la visita de Estenoz al Ministro Jackson y presionan al Presidente Gómez a sofocar la rebelión en pocos días, pese al alto costo en vidas humanas. Finalmente, cabe preguntarse las razones por las cuales la historiografía cubana muchas veces ha silenciado o restado importancia a algunos hechos, como esta sangrienta contienda, y por tanto no han quedado grabados en la memoria colectiva en su dimensión exacta.

XVI

«TUMBA LA CAÑA, ANDA LIGERO...»

Mira que ahí viene al Mayoral,
Sonando el cuero,
Mira que ahí viene Menocal
Sonando el cuero.

Copla popular cubana

El Presidente José Miguel Gómez cumplió el compromiso de no presentarse a la reelección y de dejar libre el camino a otros miembros del Partido Liberal. Pese a las aspiraciones del Coronel Ernesto Asbert, gobernador de la provincia de La Habana, político de gran popularidad, triunfó la candidatura para Presidente del Doctor Alfredo Zayas, con Eusebio Hernández como vice. Asbert y sus amigos se separaron de los liberales y formaron con los conservadores la «Conjunción Patriótica», muestra de que las aspiraciones personales eran más fuerte que las lealtades partidistas.

Los conservadores postularon de nuevo a Mario García Menocal para la primera magistratura, y como vice presidente, al respetado intelectual Enrique José Varona. Lanzaron el lema «Honradez, Paz y Trabajo». Denunciaron la desmoralización y corrupción del gobierno de Gómez, manchas que ensombrecían la candidatura de Zayas, aunque él no había participado en los negocios sucios. Menocal ganó con 14,000 votos de ventaja y Zayas aceptó la derrota con elegancia. El 20 de mayo de 1913, once años después de instaurada la República, el Presidente Gómez le entregaba el mando del poder a Mario García Menocal. Ambos habían sido generales del Ejército Libertador. Pertenecían ahora a partidos adversarios. Eran dos caudillos con personalidades muy distintas quienes dejarían su marca en la vida pública de las primeras décadas republicanas.

Menocal había nacido el 17 de diciembre de 1866, en el ingenio «Australia», que administraba su padre Gabriel, en Jagüey Grande, Matanzas. Tenía dos años cuando estalla la guerra. Las simpatías y contactos de Don Gabriel con los insurrectos lo obligan a exiliarse. La familia viaja a Estados Unidos y luego a México. Mario no regresa a la isla hasta 1881, con quince años de edad. La estancia es corta. Vuelve al norte al cuidado de su tío Aniceto. Estudia en una academia militar, en un Colegio de Agricultores en Maryland y finalmente en la Universidad de Cornell, donde se gradúa como ingeniero civil en 1891. Aún pasará tres años en Nicaragua, laborando junto a su tío en un proyecto para un canal interoceánico, antes de regresar a Cuba. Trabaja en el trazado del ferrocarril en la zona de Camagüey cuando llega la noticia del levantamiento del 24 de febrero de 1995 en Oriente. En junio de ese año, se alza. Se convierte en el más joven de los Mayores Generales de la guerra de Independencia.

Al finalizar la contienda bélica ocupa el cargo de Jefe de la Policía de La Habana y de Inspector de Obras Públicas durante la primera intervención. Se asocia a Mr. Robert Hawley, congresista tejano, y se dedica a la administración de varios centrales azucareros como «Chaparra» y «Delicias». Según el volumen sobre la «neocolonia» del Instituto de Historia, estaba «en una posición privilegiada para la defensa de los intereses oligárquicos en el seno de la sociedad neocolonial». Para otros, como Víctor Vega Ceballos, «actuó como un agente civilizador y al impulso de su energía creadora la zona de Camagüey y Oriente vio desaparecer los espesos bosques y convertirse en cañaverales, y el campesino pobre, desheredado, encontró un centro de trabajo donde librar la subsistencia para sus hijos, escuela donde se educaran, hospital para asistirlo en su enfermedades o accidentes».

La primera actuación política de Menocal había sido para intentar mediar entre liberales y conservadores después de la reelección de Don Tomás. No tuvo éxito. Tampoco lo había tenido en su aspiración presidencial contra José Miguel Gómez en 1908. En 1912 una serie de factores lo favorecen.

El tercer presidente cubano provenía de una antigua familia cubana. Se ha dicho que tenía el aspecto y los modales de un gran señor, de un lord inglés. Distinguido, con bigote y barbas rojizas, parecía escapado de un aristocrático club de Londres. Sin duda contrastaba con la sencillez de Estada Palma y el talante tan popular de Gómez. En Menocal, la naturalidad en el trato con los demás estaba matizado por un evidente don de mando y el pragmatismo que había aprendido en las universidades norteamericanas. Tiene 46 años cuando asume la Presidencia. Ha prometido tranquilidad pública, imparcial aplicación de la justicia, un nuevo sistema tributario, buen orden en la administración y mucho más. Los cubanos veían con optimismo el cambio de presidente y de partido. Una vez en el poder, ¿cumplió sus promesas o defraudó al pueblo este hombre de mano fuerte, espíritu empresarial y abolengo criollo?

XVII

LA AZUCARERA DEL MUNDO

Durante los dos períodos presidenciales de Mario García Menocal, que se extendieron de 1912 a 1921, y coincidieron en gran medida con los de Woodrow Wilson en Estados Unidos (1913-1921), la industria azucarera cubana cobró una extraordinaria relevancia no sólo para el país sino en sus relaciones con el vecino del norte.

Antes de la Primera Guerra Mundial, que estalla en 1914, la industria remolachera de Europa producía más del 40% del azúcar mundial, y exportaba el 30% de lo que requerían los mercados internacionales. Los Estados Unidos, por ejemplo, aunque productor, dependía principalmente de la compra de crudos en el exterior. En 1913, más de la mitad de estos crudos provenían de Cuba. Gran Bretaña, que se abastecía solamente de la importación, se convirtió en el segundo cliente de la Isla. En abril de 1914 Cuba hizo su primer envío de azúcar al Japón. Las obras del canal de Panamá abrían nuevos horizontes.

Pocos meses antes del comienzo de la guerra, los Estados Unidos había disminuido la tasa de aranceles del azúcar cubano. Este margen diferencial que ofrecía la Tarifa Underwood, cuando había habido una momentánea devaluación en los precios del azúcar, garantizaba la ganancia de los refinadores. Para la zafra que debía iniciarse a principios de 1914, cinco nuevos centrales comenzaban sus labores. Se formaba una asociación de capitales cubanos para el fomento de otro de gran capacidad en Camagüey. El inicio de la guerra ese verano paralizó casi de inmediato el flujo normal del comercio y cambió el rumbo de la industria azucarera cubana.

El impacto de la contienda bélica se tradujo de inmediato en un aumento constante de los precios del azúcar. Cuba se convirtió en el primer productor de crudos, en la azucarera del mundo. Casi medio centenar de nuevos centrales entraron en operaciones entre 1913 y

1920. Aumentó la capacidad de producción. La zafra de 1920, de 4 millones de toneladas, fue casi el doble de lo que había sido la de 1913, de 2.5 millones. Este crecimiento fue especialmente intenso en las provincias de Camagüey y Oriente. Las nuevas instalaciones imprimieron rasgos de modernidad a la industria azucarera del país. Simultáneamente creció la infraestructura básica para el envío del producto. Las vías férreas de uso industrial llegaron a alcanzar más de 9,000 kilómetros.

Los precios del azúcar aumentaban dramáticamente. En 1914 era de 1.9 centavos por libra. En 1917 había llegado a 4.6. En 1918 y 1919 se había duplicado, y alcanzaba 9.2 centavos por libra. En 1920 fue el disloque: 10 centavos en marzo, 13 en abril, 22.5 en mayo. Cuba no se benefició enteramente de ello, pues la zafra se vendía en su totalidad a la Junta de Igualación del Azúcar, organismo del gobierno norteamericano, que fijó precios por debajo de los vigentes. Era la «contribución cubana a la victoria Aliada».

En 1920 se levantan estos controles. Los valores se inflaron. Cuba gozaba de «la danza de los millones». Las propiedades cambiaban de manos con rapidez. Las especulaciones estaban a la orden del día. El aumento vertiginoso requería financiamiento El Banco Nacional llegó a tener 130 sucursales a lo largo del país y depósitos de casi $200 millones. También los bancos norteamericanos aumentaron su presencia en la isla.

Sucedió algo más. Aunque surgieron y se consolidaron capitales cubanos, otros cubanos vendieron sus tierras o ingenios a firmas norteamericanas. La penetración de capital de Estados Unidos fue alarmante. Sólo la Cuba Cane Sugar Corporation, por ejemplo, logró entre 1915 y 1916, el dominio de 14 centrales azucareros. Y a mayores intereses económicos del vecino del norte, mayor su intromisión en los asuntos del país.

Pero la prosperidad duró poco y terminó sin previo aviso. Los productores saturaron el mercado y los precios cayeron en picada. De los 22.5 centavos por libra que había alcanzado el precio del azúcar en mayo de 1920 se redujo a 8 centavos en septiembre y 3.8 en diciembre del mismo año. (Un intelectual de la época se quejaba con triste ironía que los problemas de la economía cubana se medían en centavos.) Los dueños de plantaciones e ingenios no podían pagar las deudas contraídas. Se produjo la quiebra bancaria. Importantes sectores de la industria azucarera quedarían en manos de la banca neoyorquina después del «crack». La misma República estaba a punto del colapso. El Presidente declaró una moratoria en el cobro de las deudas, lo cual alivió la crisis.

En el primer cuarto del siglo XX se crearon en Cuba las bases de una moderna y potente industria azucarera que traería beneficios y perjuicios al país. Los efectos de la Primera Guerra Mundial fueron de especial impacto en este proceso, que también tendría repercusiones en la fuerza laboral cubana y en las relaciones entre Cuba y Estados Unidos.

XVIII

TRINCHERAS DE PAPEL

Antes de continuar con los aspectos más sobresalientes de los dos períodos presidenciales de Mario García Menocal de 1912 a 1921, vale la pena mencionar algunos datos que nos den al menos una muestra, sin duda incompleta y esquemática, del desarrollo de la cultura cubana en las primeras dos décadas del siglo.

Algunos de los libros de poesía que ocupan un lugar imperecedero en las letras cubanas datan de esa era. Citemos sólo tres: *Ala* (1915) de Agustín Acosta, *Arabescos mentales* (1913) de Regino E. Boti, y *Versos precursores* (1917) de José Manuel Poveda. En la narrativa, los escritores cubanos utilizaron la pluma para reflejar y denunciar los males sociales. Recordemos *Las honradas* (1918) y *Las impuras* (1919) de Miguel de Carrión, *La conjura* (1908) de Jesús Castellanos, y *Generales y doctores* (1920) de Carlos Loveira, entre muchos otros. En el género teatral sobresalen las obras de José Antonio Ramos y en particular *Tembladera* (1916), en que el autor plantea los problemas económicos del país, comenzando con la venta de tierras cubanas a capitales extranjeros. Es también importante apuntar que en 1910 se fundó la Sociedad de Fomento de Teatro, que contó con gran apoyo entre los intelectuales, y cuyo propósito principal era llevar a la escena obras cubanas y favorecer en todo sentido el desarrollo de las artes dramáticas en Cuba. La institución comenzó sus actividades con una temporada en el Teatro Nacional. La noche inaugural, el 20 de mayo de 1910, a teatro lleno, y tras un discurso de Alfredo Zayas, entonces Vicepresidente de la República, los habaneros disfrutaron de *Amor con amor se paga* de José Martí y *La hija de las flores*, de Gertrudis Gómez de Avellaneda.

No toda la vida cultural del país tenía lugar en la capital. Surgió el Grupo de Matanzas, entre los que se encontraba Agustín Acosta, y quienes tenían como mentor a Bonifacio Byrne, aunque no siguieron sus huellas en cuanto a estilo. En Santa Clara se destacó muy pronto el ensayista Medardo Vitier, que en 1911 publicó *Martí: su obra política y literaria*. Oriente fue cuna no sólo de patriotas, sino también de una fecunda vida intelectual. En Guantánamo transcurre casi la totalidad de la vida de Boti, y en Santiago dirige Max Henríquez Ureña *Cuba literaria* (1904-1905). En esa ciudad Emilio Bacardí publicó asimismo su novela histórica *Vía Crucis* (1910).

En el orden del ensayo, hay libros claves que vieron la luz en esta etapa como *Los negros brujos* (1905) y *Entre cubanos* (1914) de ese gigante de nuestras letras que fue Fernando Ortiz. También en este género se destaca *Manual del perfecto fulanista* (1916) de Ramos. La historia comenzó a escribirse en estos años desde una perspectiva cubana. Vio la luz en 1900 la primera parte de *Mi diario de guerra* del General Máximo Gómez; en 1909 *Crónicas de la guerra* del general José Miró Argenter; en 1911, *Cuba: los primeros años de independencia*, de Rafael Martínez Ortiz. *Introducción a la Historia de las instituciones locales de Cuba* (1905) de Francisco Carrera Justiz; *Historia de los Archivos de Cuba* (1912) de Joaquín Llaverías; *El clero en la Revolución cubana* (1918) de Francisco González del Valle son una muestra de la variedad de temas históricos de los que se ocuparon los intelectuales cubanos. No pueden dejar de mencionarse en al campo de la historiografía las obras de Enrique Collazo como *Cuba independiente, Los americanos en Cuba, La cuestión presidencial en Cuba, La Revolución de Agosto de 1906*, y *Cuba intervenida*, todos publicados en la primera década del siglo; y a Francisco Figueras, autor de *Cuba y su evolución colonial*.

Entre las primeras biografías se destacan las de René Lufriú y Miguel Ángel Carbonell sobre Carlos Manuel de Céspedes de 1915 y 1918 respectivamente; las de Emeterio Santovenia sobre Cirilo Villaverde (1911) y Gonzalo de Quesada (1916) y los esbozos biográficos sobre José Martí que aparecen en libros de Néstor Carbonell, Roque Garrigó y el de Vitier, ya mencionado. Entre las crónicas brillan con luz propia las de Bacardí sobre su querido Santiago de Cuba, iniciadas en 1908, y que alcanzaron 10 volúmenes. Al modo del peruano Ricardo Palma, escribió Álvaro de la Iglesia *Tradiciones cubanas, Cuadros viejos* y *Cosas de antaño* que aparecieron entre 1911 y 1918.

Los estudios etnográficos avanzaron. Además de los muchos trabajos de Ortiz, cabe recordar la monografía *El indio cubano en la Ciénaga de Zapata* (1914) del Profesor Luis Montané y el libro sobre sus cuatro años en esa zona del ingeniero Juan Antonio Cosculluela. En el orden de material didáctico, no pueden omitirse las muchas monografías de Arturo Montoro; los tratados de geografía de Salvador Massip; y las obras sobre jurisprudencia del Magistrado Francisco Llaca y Argudín, y las de Diego Vicente Tejera, hijo de poeta. Desde los inicios de la república comienzan a aparecer bibliografías, como las que debemos a Domingo Figarola Caneda, discípulo de Francisco Calcagno, y primer director de la Biblioteca Nacional; y las que aportan Carlos M. Trelles, bibliotecario de la Cámara de Representantes y José Augusto Escoto, fundador, además, de la *Revista Histórica, Crítica y Bibliográfica de la Literatura Cubana*. Es bueno mencionar que los libros escritos en esta época, de los cuales hemos incluido sólo unos pocos títulos, se editaban por igual en París y Madrid, que en La Habana, Santiago de Cuba o Guanabacoa. Alfonso Hernández-Catá, por ejemplo, diplomático además de escritor, publicó casi la totalidad de su obra en Francia y España, y fue traducido a numerosos idiomas.

Cuba se distinguió en esta época por un periodismo de primera que se reflejaba en los rotativos diarios así como en las múltiples revistas, algunas de corta duración, pero que constituyen hoy una fuente inagotable para estudiar el desarrollo de la cultura nacional. No bastaría un libro entero para estudiar la importancia y el impacto de la prensa en la Cuba republicana. Como lo requeriría igualmente el estudio de la oratoria de esas décadas. O la obra de figuras medulares como Enrique José Varona, Rafael Montoro, José María Chacón y Calvo, Enrique Piñeyro y tantos otros. Al mismo tiempo, la fundación de un buen número de academias, patronatos, institutos y otras asociaciones, muestran como se asentaban las bases institucionales que apoyaban el auge cultural que vivía la isla.

Lo anterior, repetimos, son apenas unos pocos ejemplos de la producción literaria de las primeras décadas del siglo XX. Basten para afirmar que las letras de Cuba no sólo han sido siempre un espejo de la sociedad cubana de cada era, sino también del talento creador y la voluntad de servicio de muchos de sus hijos. Estas muestras nos enseñan asimismo que los primeros autores cubanos, en su mayoría, escribían imbuidos por un espíritu de denuncia y reforma, y que compartían el sueño común de la formación de una nueva nación.

XIX

DESARROLLO URBANO Y ARTÍSTICO

Una de las contribuciones más visibles y perdurables de la República se encuentra en la arquitectura. España había construido ya fortalezas, plazas, paseos, iglesias, conventos, palacios, y un buen número de viviendas. La Cuba colonial reflejaba la influencia morisca, como lo demuestra el abundante uso de patios centrales, así como del estilo barroco que admiramos en la Catedral de La Habana y el neoclásico, sobriamente expuesto en el Templete.

Con el principio del siglo y de la nueva vida que iniciaba Cuba, también fue cambiando la fisionomía de sus ciudades, y en especial de la capital. El proyecto del Malecón, que comenzó durante la primera intervención a partir del castillo de la Punta en dirección oeste, fue continuado por gobiernos siguientes hasta alcanzar el límite del río Almendares. Este muro junto al mar pronto se convirtió no sólo en un valor visual emblemático sino en un espacio social y un punto de referencia sentimental para los habaneros. A lo largo del siglo, niños cubanos han caminado sobre este muro de la mano de sus padres; parejas de enamorados han intercambiado besos y caricias; y cubanos y extranjeros de todas las edades han contemplado las olas enfurecidas o tranquilas cuando chocan contra esta barrera de cemento.

Una serie de espléndidas residencias a lo largo de El Paseo del Prado se remodelaron, con fachadas de mayor altura y nuevos portales, que cobraron gran auge en la época. Tanto fue así, que varias ordenanzas estimularon la construcción de portales y regularon su condición para la circulación del público. No por gusto Alejo Carpentier consideró a La Habana como «la ciudad de las columnas».

El Vedado, aunque urbanizado en décadas anteriores, comienza en estos años un mayor desarrollo constructivo. Viejas mansiones de una planta fueron ampliadas con pisos altos. La elaboración de los enrejados de hierro como función estructural o decorativa alcanzó su máxima expresión.

Como si con la libertad política hubiera llegado también la libertad artística, Cuba vivió en los primeros años republicanos una danza de estilos. El ansia de transformación y el afán de modernidad invadían la sicología colectiva. Con el fin de la era colonial, regresaron a Cuba exiliados egresados de importantes universidades de Estados Unidos y Europa que formaron parte de un proceso de apertura a influencias extranjeras. Algunos ejemplos peculiares son la Quinta de las Delicias, residencia de Rosalía Abreu, construida en 1906, expresión de nostalgia por un pasado medieval, totalmente inexistente en Cuba; y la casa de Samuel Roca y el conjunto de edificios realizados por Joaquín Bosch. El primero se había graduado de ingeniería hidráulica en Rótterdam: el segundo de ingeniería eléctrica en la Universidad de Lieja en Bélgica. Además de estos casos algo excéntricos, puede notarse en la arquitectura la influencia americana, italiana y del modernismo catalán. Sin embargo, muchas de las características de la arquitectura colonial, como el uso de los patios centrales, los vitrales de colores y los detalles moriscos, perduraron en un sin fin de construcciones. Otras mansiones cubanas, como la de Pablo González de Mendoza en Paseo y 15, de 1910, se distinguen, dentro de su esplendor, por su equilibrio y sobriedad.

De los primeros años de la República datan algunas construcciones emblemáticas de la ciudad como el Hotel Plaza (1906), en Zulueta y Neptuno, cuyo *roof garden* se añadió en 1919; el Centro de Dependientes (1907), en Prado y Trocadero, primera obra de hormigón reforzado con acero en la isla; la Lonja del Comercio (1909); la Estación Central de Ferrocarriles (1910); la Aduana (1914); el Casino Español (1914); los jardines de la Cervecería Tropical (1915-1918) con su Alcázar de decoración morisca; el monumental Centro Gallego (1918); el Palacio Presidencial (1919); el Vedado Tennis Club (de 1912, remodelado en 1920). Y, naturalmente, comenzó asimismo la construcción de los edificios de la Universidad de La Habana.

A quien conozca La Habana le bastará esta breve enumeración para imaginarse como iba cambiando el perfil citadino. Incluso quienes no hayan visitado la capital cubana, podrán, sólo con estos nombres, comprender que las construcciones respondían al crecimiento social, comercial y económico de la naciente República.

En el orden de las artes plásticas, el desarrollo fue más lento. La Academia de San Alejandro graduaba a pintores con conocimientos académicos. Se fundaron instituciones. Pero son tres las figuras que sobresalen: Armando Menocal, Leopoldo Romañach y Domingo Ramos. Al primero debemos las imágenes más memorables de la guerra independentista. Las marinas de Romañach fijaron en el imaginario nacional la condición insular de la isla, su luz, su atmósfera. Ramos puso en sus lienzos los colores del trópico e inmortalizó la belleza imperecedera del Valle de Viñales.

En las primeras décadas del siglo XX, la República iba fijando su impronta en innumerables obras arquitectónicas y en la paleta de sus pintores.

XX

LA CULTURA DE LA VIOLENCIA

Al comenzar su gestión presidencial en 1912, Mario García Menocal prometió, entre otras cosas, tranquilidad en la vida pública. La realidad fue otra. La violencia política continuó siendo la tónica del acontecer cubano. Apenas unas semanas después de la toma de posesión del tercer presidente de la República, el Jefe Provincial de Obras Públicas de Pinar del Río disparaba un arma de fuego contra el gobernador Manuel Sobrado. Y el Jefe de la Policía capitalina, el brigadier Armando de J. Riva, era muerto a tiros en pleno Paseo del Prado. Su agresor, el representante Aurelio Arias, iba acompañado por el Senador Vidal Morales y Morales y por Ernesto Asbert, gobernador de La Habana. El móvil del asesinato: el empeño de Riva de poner fin al juego ilícito. Los tres son juzgados y Morales sale absuelto. Arias y Asbert son destituidos de sus cargos.

En los campos impera la ley del bandolerismo. Tres campesinos aparecen ahorcados. En Ciego de Ávila asesinan a un Coronel de la Guerra de Independencia, presidente de la Asamblea Conservadora. En 1914, dos bandos del partido conservador se enfrentan a tiros en Pinar del Río. El saldo: cuatro muertos y varios heridos. Ese mismo año, una riña callejera entre policías y artilleros frente al Teatro Martí resulta en un muerto, dos lesionados graves y 23 arrestados. El Presidente intenta imponer justicia y disciplina, pero a menudo conmuta las sanciones que dictan los tribunales.

Al año siguiente, muere el alcalde de Sancti Spíritus en un tiroteo con un rival político. En Yaguajay asesinan a un veterano y a un periodista conservador. Igual suerte corre un alcalde de Santa Clara.

Pese a que Menocal ha sostenido que no aspirará a un segundo período presidencial, al acercarse las elecciones de 1916, acepta la candidatura del Partido Conservador, esta vez con Emilio Núñez como vicepresidente, pues Enrique José Varona ha renunciado al cargo. Los liberales, aunque han sufrido divisiones internas, se han unido para apoyar la boleta de Alfredo Zayas y Carlos Mendieta. La violencia se intensifica durante la campaña. En Manguito chocan conservadores y liberales. Resultado: tres muertos y varios heridos. Un concejal liberal da muerte al presidente de la Juventud Conservadora en Güines. En Camajuaní los liberales interrumpen una manifestación conservadora con más víctimas como resultado, entre ellas una fatal. En Cienfuegos, El Cano, Camagüey, Madruga, Güira de Melena y Manzanillo se producen hechos de sangre similares. El gobierno toma medidas. Supervisores militares asumen las funciones de la Policía Municipal. Se crea una comisión de arbitraje. Los periodistas denuncian la situación que vive el país. El Presidente permanece en Palacio. Los liberales recorren la isla. La violencia no cesa. Los partidarios del político conservador Santiago Rey y los liberales que apoyan al Alcalde se enfrascan en un tiroteo en Cienfuegos. Un muerto y más lesionados A cuatro días de las elecciones, un joven es asesinado por otro en la Acera del Louvre. ¿Era ésta la República que habían soñado los hombres que en el siglo anterior se reunían en ese mismo lugar para conspirar contra España?

Cerca de cincuenta políticos han perdido la vida en la contienda electoral. Pero la violencia trasciende la arena política. La tasa de homicidios en 1914-1915 era de 10.64 por 100,000 habitantes y para 1921-1922 ha aumentado a 30.8. (En Estados Unidos, por esas fechas, la media era de 7.2.) El índice de suicidios por millón de habitantes es de 1920 a 1925 de 340 en Cuba, el más alto del mundo, seguido por Alemania con 221.

Los cubanos, sin embargo, mantenían el sentido del humor. Y expresaban sus preferencias políticas en ocurrentes tonadas musicales. Los conservadores utilizaban viejas melodías españolas para asegurar: «Si Zayas quiere una silla, que vaya al parque central, que la silla de Palacio, es de Mario Menocal». Los liberales apelaban a ritmos afrocubanos... «Yo no tengo la culpita ni tampoco la culpona...aé aé aé la chambelona...».

Las divisiones entre «zayistas» y «miguelistas» se superan, al menos en esos momentos. Los dos líderes liberales entran juntos en La

Habana. Cierran la campaña con un gran mitin en el Parque Central. La calle era de los liberales y pese al desencanto que ya en 1916 sentían los cubanos por los procesos electorales –pocos habían salido a votar en las elecciones parciales de 1914–, Zayas, para sorpresa de Menocal y sus partidarios, gana la presidencia. Así lo proclamaron los periódicos habaneros, incluso el conservador Diario La Marina.

Hay distintas versiones de lo que sucedió en el Palacio Presidencial esa noche del 2 al 3 de noviembre de 1916. Una de ellas asegura que el Presidente y su familia no quisieron aceptar la derrota. Otra afirma que, por el contrario, fueron los consejeros íntimos del Presidente quienes se negaban a entregar el poder. Específicamente, se cuenta que Charles Hernández, director de Comunicaciones, quien controlaba la documentación electoral, preguntó retóricamente a Menocal y sus seguidores:

–Y los timbales, ¿para qué los queremos, General?

Una vez más, el machismo, el caudillismo, el abuso del poder, triunfaba sobre la voluntad popular ejercida en las urnas. Cesaron los partes electorales. Se declaró la victoria de Menocal. Pronto la isla sufriría de nuevo insurrecciones, envío de tropas americanas, la sofocación de los rebeldes, débiles pactos de paz y una mayor erosión en la fe de los cubanos en la República que con tanta ilusión habían estrenado hacía menos de tres lustros.

XXI

LA INJERENCIA EXTRANJERA

La relación del Presidente Mario García Menocal con los norteamericanos fue estrecha. Estaba basada en su educación en universidades en Estados Unidos y su sentido empresarial. La Primera Guerra Mundial propició la coyuntura para que esos vínculos se hicieran más estrechos y el control de intereses yanquis en la industria azucarera cubana aumentara de forma alarmante, como hemos mencionado en crónicas anteriores.

Cuando en las elecciones de 1916 Menocal dio el «cambiazo», era la segunda vez que los liberales estaban siendo víctimas de un proceso electoral fraudulento por parte de un gobierno conservador apoyado por los vecinos del Norte. Ya una situación similar se había presentado con la reelección de Estrada Palma en 1906. Sin embargo, la Primera Guerra Mundial representaba un elemento disuasivo para que en esta ocasión los norteamericanos no intervinieran militarmente de forma abierta. Prefirieron presionar a Menocal para que ofreciera todo tipo de garantías a los liberales en las elecciones complementarias. Pero, como se ha visto ya que era común en la política cubana de esas décadas, el partido oposicionista fue a la retracción. Es más, en vez de acudir a las urnas, tomaron las armas. Hubo rebeliones en varias provincias. El levantamiento, que se dio a conocer como el de La Chambelona, contó con el apoyo del ejército en Camagüey y Oriente. Es posible que los liberales desearan provocar una intervención americana que propiciara, como había sido el caso con José Miguel Gómez, el cumplimiento de la voluntad popular, y que Zayas alcanzara de eso modo la primera magistratura del país. Esta vez, sin embargo, los estadounidenses apostaron por el poder establecido, por el aliado ya conocido. Enviaron tropas para proteger sus intereses económicos (un contingente militar se mantuvo en Camagüey por varios años) y le brindaron la oportunidad a Menocal de sofocar la rebelión antes de que tomara posesión en mayo de 1917.

Durante el segundo mandato de Menocal la injerencia americana en Cuba fue más allá del campo de la industria azucarera y del apoyo, político o militar, a un partido o candidato en particular. El 7 de abril de 1917, Cuba le declaró la guerra a Alemania, apenas 24 horas después de que lo hiciera Estados Unidos. El ministro del Káiser en La Habana entregó su pasaporte, y los tripulantes de cinco buques alemanes en puertos cubanos fueron encarcelados en la Cabaña. Vinieron después las medidas de emergencia dictadas por Washington, con la colaboración del presidente cubano, que incluían la suspensión de las garantías constitucionales con la justificación de que hacía más efectiva la lucha contra el espionaje. Se crearon «listas negras» de comerciantes españoles y centroeuropeos radicados en Cuba, representantes de firmas comerciales e industriales de países «enemigos». Se restringieron los derechos de movilidad, comunicación y propiedad de muchos extranjeros. Algunos historiadores atribuyen estas actuaciones al deseo norteamericano de eliminar toda competencia en la esfera mercantil y alcanzar un mayor control económico de la isla.

Hubo también otras consecuencias serias. Aunque muchos liberales se unieron a los conservadores en su alianza a los Estados Unidos en un momento de guerra, en otras ocasiones Menocal no tuvo el apoyo del poder legislativo y tuvo que imponer su voluntad por medio del veto continuo. Esto, unido a la reestructuración de las fuerzas armadas, que colocaba al Ejército Nacional bajo la autoridad directa del Presidente, contribuyó a fortalecer el sistema presidencialista en Cuba. La prolongación de las leyes de emergencia, incluso después de terminada la guerra, especialmente contra extranjeros enemigos, y la censura postal y telegráfica, fue una prueba de adhesión más que ofreció Menocal a Estados Unidos. Como consecuencia, no sólo se entorpeció el ritmo normal de los negocios en la isla, sino que las libertades individuales de los propios cubanos se vieron mermadas.

En 1918 llegó a La Habana Henry Morgan como representante del recién creado Buró de Control de Precios de Estados Unidos. Morgan, quien ya había sido cónsul en La Habana, y no había dejado buenos recuerdos, asumió el control total de las importaciones solicitadas a Norteamérica. No sólo Cuba accedió a vender todo su azúcar a un precio fijo, como mencionado anteriormente, sino que pese a que Estados Unidos se comprometió a controlar los precios de algunos abastecimientos básicos, las importaciones continuaron encareciéndose, el costo de la vida subió y se suscitaron grandes protestas en el sector obrero. Tal era la prepotencia de Morgan, que chocó con Armando André, su homólogo cubano como director de la Dirección de Subsistencias, y hasta con el propio Presidente Menocal, y con William González, el Ministro norteamericano.

Hacia finales del segundo período de Menocal se trasladó a la isla un personaje muy ligado, para bien o para mal, a la historia de Cuba, el General Enoch Crowder. Los liberales habían sido los primeros en solicitar la ayuda norteamericana en la elaboración de nuevas leyes electorales que evitaran fraudes en el futuro, y tal era la misión de Crowder. No todos fueron partidarios de esta ayuda, y el periodista y diplomático Manuel Márquez Sterling, que había acuñado el lema de oponer la virtud doméstica a la injerencia extraña, renunció como miembro del Partido Liberal.

El legado de Menocal, a nuestro juicio, no fue positivo. Durante sus períodos presidenciales, sin embargo, tienen resonancia dos importantes movimientos: el feminista y el obrero, que merecen nuestra atención antes de estudiar la gestión de Alfredo Zayas, quien por fin alcanzó la silla presidencial en 1921.

XXII

COMIENZOS DEL MOVIMIENTO FEMINISTA

Al terminar la dominación española, la educación católica, el Código Civil y los valores de la sociedad del Siglo XIX, habían colocado a la mujer en una posición de inferioridad con respecto al hombre. Sin embargo, durante las guerras de independencia, las cubanas jugaron papeles importantes, desde recaudar fondos hasta pelear como soldados. En ausencia de los hombres de la familia, tanto en Cuba como en el exilio, administraron bienes y en muchas ocasiones trabajaron para mantener los hogares.

En la Asamblea de Guáimaro de 1869, Ana Betancourt de Mora levantó su voz reclamando los derechos de la mujer. En 1897, miembros del Club Esperanza del Valle firmaron una declaración denunciando la represión del General Valeriano Weyler y pidiendo el derecho al voto para las mujeres solteras y las viudas mayores de 25 años. Esta fue más tarde presentada a la Constituyente de 1901, pero sólo fue respaldada por 10 delegados. Era natural. En esas fechas, las democracias garantizaban sólo los derechos de los hombres, aunque proclamaran la igualdad de todos sus ciudadanos. Edelmira Guerra, fundadora del Club, y un buen número de afiliadas, protestaron.

Mientras, María Luisa Dolz, nacida en La Habana en 1854, gestaba de forma distinta el espíritu femenino en la búsqueda de la independencia patria y la propia. Dolz, la primera feminista moderna en Cuba, veía la educación como el vehículo para que las mujeres pudieran reclamar sus derechos como ciudadanas. Comenzó a enseñar en el Colegio Isabel la Católica (que luego llevó su nombre), institución que se convirtió para las cubanas en lo que el colegio El Salvador representó para los hombres criollos. Fue en esas aulas que se forjó una elite de mujeres sobresalientes y la semilla del futuro movimiento feminista. La enseñanza en el colegio del No. 64 del Paseo del Prado era extremadamente moderna para la época. Dolz también expresó sus ideas en conferencias, artículos y folletos.

Diversas circunstancias favorecieron a las mujeres en las primeras décadas republicanas. La secularización de la educación creó una necesidad urgente de maestros laicos. Se consideró que la mujer, símbolo de pureza moral, era la más apropiada para sustituir en las escuelas a los curas y monjas. Por ley, durante los primeros años sólo podían ser enseñar mujeres solteras. De todas formas, le dio a la mujer no sólo acceso al mundo laboral, sino oportunidades de mejorar su propia educación. Para 1919, ya había más de 5,000 maestras en Cuba.

La expansión de la economía a partir de la intervención americana en 1898, permitió a las mujeres mantener y ampliar el espacio que habían ocupado en el mercado laboral durante la guerra. En 1899, representaban un 10.66% de la fuerza laboral, cifra que se mantuvo relativamente estable en la primera mitad el siglo, pues en 1953 era de poco más de un 13%. Durante las primeras décadas republicanas, los altibajos en los precios del azúcar y en la economía, las inversiones extranjeras y la mano de obra barata que representaban los inmigrantes, impulsaron el nacimiento de un movimiento obrero. Algunos políticos, como Leopoldo Cancio, defendieron los derechos de las cubanas en oposición a la de trabajadores extranjeros. La reforma de las leyes laborales favoreció a las mujeres. Incluso, se les garantizaron algunos trabajos –como los de vendedoras de ropa interior femenina. Había otras razones económicas por las que el Estado se sintiera inclinado a estimular la incorporación de la mujer al mercado laboral. La guerra había dejado un gran número de viudas. En 1920 (e incluso una década más tarde), aún estaban tramitándose pensiones. El estado prefería estimular a estas viudas a trabajar para así disminuir los gastos de recursos gubernamentales.

El Código Civil español, que se mantuvo vigente en Cuba después de su independencia, contradecía las ansias de los cubanos de construir un estado moderno. En cuanto a la mujer, al casarse perdía el derecho a administrar sus bienes y propiedades. Incluso en el caso de segundos matrimonios, a no ser que la mujer tuviera hijos de la primera unión, el nuevo marido ejercía derechos sobre los bienes de la primera unión. En resumen, el *pater familias* ocupaba una posición de superioridad económica, legal y moral. También en este caso los cambios que favorecieron a la mujer no fueron inspirados principalmente por una conciencia nacional de los derechos femeninos. Hubo intereses económicos, sobre todo de hombres con hijas que no querían que sus fortunas pasaran a manos de yernos que no siempre representaban para sus hijas la felicidad y seguridad anticipadas. Con todo, no fue fácil enmendar el código. Los debates en el congreso entre el Senador Vidal Morales, proponente de la ley a favor de que las mujeres casadas pudieran administrar sus propiedades y bienes, y el senador Juan José de la Maza y Artola, que se oponía, muestran claramente los puntos de vistas de la época. Finalmente, el Código, que además no se atenía a los preceptos de la Constitución, fue reformado.

Otra ley muy debatida fue la del divorcio que tuvo efecto en 1918 bajo la Presidencia del General Mario García Menocal, pese a que la primera dama había asegurado que nunca sería promulgada bajo el mandato de su marido. (Menocal no la vetó ni la firmó, sino que dejó pasar el tiempo prescrito para que se convirtiera en ley sin intervención presidencial.) De nuevo, uno de los factores principales para impulsar la ley fue disminuir el poder de la Iglesia así como emular las democracias modernas de Estados Unidos y Francia. Los valores de la sociedad, sin embargo, favorecían la institución del matrimonio. Entre 1918 y 1927, sólo 2,374 divorcios tuvieron lugar en la isla, el 43% iniciado por mujeres, el 47% por hombres, y un 10% de mutuo acuerdo.

Los primeros pasos organizados del movimiento feminista cubano datan de la segunda década del siglo. La revista *Aspiraciones* fue fundada en 1912 con el propósito de defender los derechos de la mujer. Ese mismo año se creó el Comité de Sufragio Femenino que auspiciaba la participación de la mujer en los procesos electorales. Surgieron otras organizaciones; entre ellas, en 1917, el Club Femenino de Cuba, que trajo a la palestra pública una serie de preocupaciones sociales como la prostitución y la carencia de prisiones para mujeres así como de tribunales para menores de edad. Inspiradas en la corriente feminista que se desarrollaba en otras partes del mundo, el movimiento cobraría gran fuerza en los años 20.

XXIII

MOVIMIENTO OBRERO

La historiografía cubana tradicional sobre la República apenas refleja los problemas raciales o el movimiento feminista. Lo mismo sucede con el desarrollo del sindicalismo, al que se le dedican escasas líneas. Hay varios libros específicos sobre el movimiento obrero, pero las condiciones de los trabajadores y sus luchas no deben verse como tema aparte, sino que merecen ser incorporadas a cualquier estudio serio de esa etapa.

A finales del período colonial y durante la primera intervención norteamericana, ya existían organizaciones obreras, y el país se había visto sacudido por huelgas. En la República, la primera huelga estalló a pocos meses de su inauguración, en noviembre de 1902, en los talleres Villar y Villar, y la secundaron 32 fábricas de tabacos y cigarrillos del *trust* norteamericano Habana Comercial. Fue convocada por la Liga General de Trabajadores Cubanos, primera organización laboral importante de la República, creada principalmente por obreros que habían emigrado a Tampa y Cayo Hueso y regresado a Cuba tras la victoria sobre España. La causa: capataces españoles se negaban a usar jóvenes cubanos en las tareas de escogida y despalillo. Se suman a la huelga los portuarios y tranviarios que paralizan el tráfico comercial y transporte urbano. El alcalde de la capital cubana, Juan Ramón O'Farrill, muestra simpatías por los jóvenes criollos y destituye al brigadier Rafael Cárdenas, Jefe de la Policía, por su represión a los huelguistas. En la Calle Obispo ha sido baleado el trabajador Santiago Durán. Pero Don Tomás Estrada Palma se inquieta con la situación, separa de su cargo al alcalde y repone en el suyo a Cárdenas. Finalmente, después de más violencia y el fracaso de negociaciones, la intervención de Máximo Gómez consigue poner fin a «La Huelga de los Aprendices». Los jóvenes cubanos logran sus demandas.

Dos años después el líder proletario José Rivas funda el Partido Obrero, de corta duración. En 1905, Carlos Baliño organiza en La Habana el Club de Propaganda Socialista El local, en la calle San Rafael, es registrado frecuentemente por la policía. El Presidente decreta la expulsión del país en un plazo de 24 horas del sindicalista Enrique Malatesta, quien visitaba La Habana. Más tarde, Baliño funda un Partido Obrero, y finalmente un Partido Socialista, aunque la corriente anarquista dominaba desde finales del Siglo XIX.

Vale la pena reflexionar sobre las contradicciones que surgen con motivo de los intereses creados. Uno de los problemas principales de los obreros cubanos en esta época es que se les permita trabajar en renglones de la economía dominada por españoles o norteamericanos. Al mismo tiempo, otro sector español, especialmente procedente de Cataluña y Andalucía, crea corrientes anarco-sindicalistas que apoyarán a los criollos en sus reclamos. El gobierno, por otra parte, deseoso de mantener el orden y proteger los intereses foráneos, a menudo sofocará las huelgas de los obreros cubanos, incluso con el uso de la fuerza. Hay que reconocer, sin embargo, que durante la famosa huelga de la Moneda, el gobernante interventor Charles E. Magoon, apoyó las demandas proletarias. Puede considerarse, no obstante, que el pago de los salarios en dólares y la eliminación de otras monedas extranjeras, favorecía a los estadounidenses. Otros eventos clave de la época: La primera ley social de la República, de 1909, conocida como Ley Arteaga –por haber sido presentada por el Representante Ricardo Arteaga y Montejo– prohibía el pago con fichas o vales, aunque su cumplimiento fue parcial. El Primer Congreso Obrero se celebró en agosto de 1914 con 1,200 delegados. Una de sus consecuencias fue la aprobación de la Ley de Accidentes del Trabajo al año siguiente, que contó con el decisivo impulso del Representante y luego Senador José Manuel Cortina. Por esos años se crea el Centro Obrero en el No. 2 de la Calle Egido en La Habana. Reúne en sus asambleas a dirigentes gremiales de tipógrafos, madereros, tranviarios, albañiles, planchadores, tabaqueros y marítimos, entre otros.

Durante la Primera Guerra Mundial se desata la inflación. Varias huelgas se suceden. Los obreros demandan aumentos de salarios para compensar el encarecimiento general de la vida durante la Danza de los Millones. El Presidente Mario García Menocal los reprime, pero de este auge de las luchas sindicales surge, en el No. 37 de la Calle Zulueta, la Federación Obrera de La Habana, importante por lo que significa como organización confederal de sindicatos de diversas ramas. A su iniciativa se debe el Segundo Congreso Nacional Obrero de 1920, que entre sus acuerdos muestra su rechazo a las intromisiones norteamericanas, especialmente de Enoch Crowder. El asesor legal de los líderes obreros era Ramón Zaydín. Subrayo que Cortina y Zaydín fueron dos ejemplos de políticos, entre muchos posibles, que conscientes de las justas reclamaciones de los trabajadores intervinieron a favor de ellos. Hay otras figuras que merecen al menos una breve mención, entre ellas, Diego Vicente Tejera, que durante los primeros años del Siglo XX intenta organizar partidos de orientación socialista. Fue notable asimismo la labor de algunos intelectuales, entre ellos el novelista Carlos Loveira, quien luchó especialmente a favor de los ferroviarios.

En octubre de 1917 se produce el triunfo de la revolución rusa. Pero no es hasta 1925, con la aparición del Partido Comunista de Cuba, que comienza a debilitarse la determinante influencia anarcosindicalista en los centros de trabajo y gremios obreros.

XXIV

SÍNTOMAS DE LA CRISIS DEL SISTEMA REPUBLICANO

La caída en los precios del azúcar, el *crack* bancario de 1920, y la depauperación del tesoro nacional llevaron a Cuba a uno de sus peores momentos. La crisis no era sólo económica. Los continuos fraudes electorales y la corrupción administrativa hicieron que el idealismo de las gestas independentistas se convirtiera en un sentimiento de frustración y escepticismo.

El papel jugado por los vecinos del norte empeoraba la situación. Washington decidió utilizar una política de «injerencia preventiva» para lo cual envió a un representante especial, Enoch Crowder, quien llegó a la bahía de La Habana el 6 de enero de 1921 a bordo del *Minnesota*. Allí mantuvo sus oficinas hasta abril, cuando el acorazado regresó a los Estados Unidos y el representante del Presidente Warren C. Harding se instaló en la capital, en el lujoso hotel Sevilla Biltmore. El 20 de mayo Alfredo Zayas y Alfonso había tomado posesión como el cuarto presidente de la República. Crowder lo fustigó con quince «memorandums» confidenciales, en los que asumía una actitud prepotente sobre los asuntos cubanos, incluyendo, entre otros, los gastos del presupuesto, la reforma constitucional, el banco de reserva, los impuestos sobre las ventas, la reforma de la lotería nacional, los contratos de obras pública y la honradez administrativa. Las comunicaciones contenían severas admoniciones y hasta veladas amenazas de intervención. El Presidente cubano necesitaba la aprobación de créditos de J.P. Morgan and Company para salvar al país del abismo financiero, y Crowder contaba con el poder para bloquearlos. Algunos opinan que Zayas mantuvo una «actitud de supeditación al imperialismo estadounidense»; otros, que se «defendía hábilmente». Lo cierto es que le concedieron el llamado «empréstito chico» de $5 millones en 1922 y el «grande» de $50 millones al año siguiente. La crisis económica se fue superando aunque al gran precio de la transferencia de activos valiosos a capitales extranjeros.

Una de las formas de Zayas para lidiar con Crowder fue filtrar a la prensa el memorando 13, lo cual creó un escándalo que debilitó al general y contribuyó a ahondar el creciente sentimiento nacionalista, pero también sumó desprestigio a los gobernantes criollos.

Los móviles de Crowder respondían a intereses políticos y económicos norteamericanos y a su propia ambición personal. Tanto era así que logró que Boaz W. Long, ministro plenipotenciario de los Estados Unidos en Cuba, fuera llamado a Washington, y poco después se anunciara su renuncia. El 5 de marzo de 1923, Crowder presentó sus cartas credenciales como Primer Embajador norteamericano en la isla, cargo que desempeñó hasta 1927. (Para esa fecha en el continente sólo había embajadas americanas en Canadá y Perú.) En diciembre de 1923, Don Cosme de la Torriente fue acreditado como el primer Embajador de Cuba en la ciudad junto al Potomac.

El 19 de junio de 1922, Zayas formó un nuevo gabinete que fue conocido como el «de la honradez» o «de Crowder», porque ofrecía eliminar la corrupción imperante y porque en él figuraban personalidades de la confianza del enviado norteamericano. Según algunas fuentes, sin embargo, los ministros fueron seleccionados por José Manuel Cortina, Ministro de la Presidencia, con poderes otorgados por Zayas y no por el diplomático estadounidense que se comportaba como procónsul. Los historiadores, con excepción de algunos panegiristas, concuerdan en que, a pesar de las promesas, el nivel de corrupción y nepotismo durante la presidencia de Zayas alcanzó niveles bochornosos. No por eso las duras censuras al peculado en Cuba de parte de Crowder dejan de representar una gran ironía, puesto que la Presidencia de Warren C. Harding (1921-1923) ha pasado a la historia de los Estados Unidos como una de las más corruptas e ineptas. Tanto es así, que el propio Crowder, poco tiempo después de retirarse, al contemplar la podredumbre de la política municipal en Chicago, confesó que se había excedido en sus memorandos al presidente cubano sobre la deshonestidad de su gobierno. Naturalmente, nada de esto justifica los vicios de los que disfrutaban del poder en La Habana.

La mejoría de la economía, la muerte súbita del Harding en 1923 y su sustitución en la Presidencia de Estados Unidos por Calvin Coolidge –frugal, honesto, mucho más interesado en los negocios que en la política exterior–, y las críticas suscitadas en el continente por la política americana, permitieron que Zayas protestara enérgicamente al Departamento de Estado americano por las intervenciones de Crowder en la formación y dirección de su gabinete. Incluso el Secretario de Estado, Charles Evans Hughes, le restó autoridad al imprudente embajador. En 1923, la delegación cubana obtuvo una gran victoria diplomática en la Quinta Conferencia de Estados Americanos celebrada en Chile, pues logró que la asamblea se manifestara en contra del derecho de intervención y que designara La Habana como sede de la Sexta Conferencia. A su vez, Zayas logró negociar la retirada de numerosas tropas americanas de Camagüey, y Don Cosme de la Torriente obtuvo finalmente que Washington ratificara el tratado Hay-Quesada reconociendo la soberanía de Cuba sobre la Isla de Pinos.

Internamente, sin embargo, se fraguaban importantes movimientos que canalizaban el desaliento nacional.

XXV

LAS FUERZAS SOCIALES

El descontento que reinaba en Cuba a sólo veinte años de la inauguración de la República hizo que emergieran fuerzas sociales y se proyectaran al margen de los partidos políticos tradicionales, en los que cada vez se confiaba menos como vehículo de solución de los problemas del país.

En 1922 y 1923 surgieron varias agrupaciones cívicas, en su mayoría críticas del gobierno de Alfredo Zayas. «El comité de los cien», presidido por Porfirio Franca, agrupaba a hombres de negocios. La «Junta Cubana de Renovación Nacional», fundada por Fernando Ortiz, se inspiraba en los sentimientos nacionalistas de los patriotas del siglo XIX. Rubén Martínez Villena tuvo la iniciativa de formar la «Falange de Acción Cubana» y Carlos Alzugaray, la «Asociación del Buen Gobierno», cuyo nombre ya anuncia las preocupaciones de sus integrantes. Todas estas organizaciones hallaron su cauce en la «Asociación Nacional de Veteranos y Patriotas», a cuya cabeza figuraba el General García Vélez. Esta asociación llevó a cabo una «Magna Asamblea» el 29 de agosto de 1923 en la que se expresaron muchas de las aspiraciones nacionalistas. Además de clamar por la honradez administrativa, proponían la independencia del poder judicial, la libre organización de partidos políticos, preferencia a los obreros cubanos, prohibición de la reelección del Presidente y el voto para la mujer.

Por otra parte, los estudiantes, inspirados en la Reforma Universitaria de Córdoba de 1918, y justificadamente molestos por la actitud de una serie de catedráticos vitalicios que ni siquiera se asomaban por las aulas a impartir clases, crearon la Federación de Estudiantes, con Julio Antonio Mella, de fogosa oratoria, como secretario general. Abogaban, entre otras cosas, por la autonomía universitaria y fueron respaldados por un grupo de profesores jóvenes. Este movimiento tendría profundas repercusiones ideológicas y haría que la Universidad de La Habana se convirtiera en una fuerza política en el país.

En abril de 1923, el Club Femenino organizó el Primer Congreso Nacional de Mujeres, en el cual no sólo se planteó el derecho de la mujer al voto, sino una serie de complejos problemas que afectaban la nación, como el reconocimiento de hijos ilegítimos, que representaban un alto porcentaje de la población. Los intelectuales organizaban tertulias para discutir los problemas del país. Se produjo la «Protesta de los Trece» en un acto en honor de la escritora uruguaya Paulina Luissi, motivada por la presencia de un ministro vinculado al fraude de la adquisición del convento de Santa Clara por el gobierno, a un precio muy superior a su costo real. Surgió el Grupo Minorista, que pese a su nombre elitista, representaba la *intelligentsia* liberal. Su proyección con respecto a los problemas políticos de la nación se intensifica. El movimiento sindical también se fortalece. Se produce la huelga ferroviaria, la más grave que había vivido el país hasta el momento, así como la huelga azucarera de Camagüey y Oriente, el primer movimiento de envergadura en la industria principal del país.

La mayoría de los historiadores concuerdan en que Alfredo Zayas fue un político habilidoso. No sólo lo demostró al lidiar con Enoch Crowder, el enviado americano, sino en la política interna. Cuando la Asociación Nacional de Veteranos y Patriotas pasó de ser un gran movimiento cívico para convertirse en un alzamiento para conquistar el poder, el Presidente se trasladó a Santa Clara y convenció al Coronel Federico Laredo Brú de que depusiera las armas. (Se rumoraba que empleó argumentos pecuniarios, pero varias fuentes aseguran que era una calumnia.) No se amedrentó ante las amenazas de Mella para que no asistiera a la inauguración del curso universitario, sino que se presentó en el Aula Magna, ocupó la presidencia y agitó la campanilla. No otorgó la autonomía que reclamaban los estudiantes pero aprobó la creación de una asamblea con representación de profesores, alumnos y graduados. En la huelga ferroviaria intervino personalmente, y el 9 de abril de 1924 se llegó a un acuerdo que implantaba la jornada de ocho horas y aumentaba el jornal de los peones de vías y obras.

Zayas llegó mal a la presidencia cuando abandonó las filas liberales para aliarse a Menocal. Su minúsculo Partido Popular –apodado como el de los Cuatro Gatos– necesitaba apoyarse en conservadores y liberales para gobernar. Incluyó a adversarios políticos en gestiones diplomáticas. Por ejemplo, en la delegación a la Quinta Conferencia de Estados Americanos figuraban, entre otros, Manuel Márquez Sterling y el General Carlos García Vélez, que no se encontraban entre los zayistas. Nunca empleó la censura ni la represión contra sus opositores y críticos. Surgió un clima de respeto a todas las opiniones que no se había experimentado antes en Cuba. Basta asomarse a las páginas de «La política cómica» y ver las caricaturas de Zayas con Crowder a sus espaldas sujetando su mano mientras firma los decretos presidenciales, para comprobar que existía una total libertad de expresión. Pero al margen de la indiscutida vocación democrática de Zayas, pesaba sobre el mandatario que muchos de sus críticos eran sus antiguos compañeros. En definitiva, su presidencia contribuyó a ahondar la crisis. Por una parte, la corrupción no sólo se mantuvo, sino que se acentuó. Por otra, abrió espacios para las denuncias de ésa y otras lacras. El impacto en la conciencia popular fue inmenso. El gobierno llegó a un alto nivel de desprestigio.

En un período de injerencia extranjera, los cubanos quisieron buscar las virtudes propias. Muchos sectores cobraron conciencia de la compleja problemática que vivía el país y se agruparon en la búsqueda de soluciones. Pero la joven República estaba en crisis.

XXVI

¿REFORMA O REVOLUCIÓN?

La situación de Cuba era extremadamente compleja. Los precios del azúcar, que habían sido buenos en el 23 y 24, declinaron en 1925 y la principal industria del país estaba en peligro. Muchos sectores del país –obreros, intelectuales, estudiantes, mujeres– se hallaban descontentos con el desempeño de los partidos políticos y sus líderes. Las ideas de la Revolución Rusa se expandían por el mundo y llegaron también a Cuba. El comunismo entonces representaba la nueva utopía, el paraíso de la igualdad. El Partido Comunista de Cuba se funda en 1925, aunque haya habido antecedentes, y aunque la mayoría de sus primeros miembros –que no eran muchos– hayan sido más comunistas de «corazón» que de formación.

Las elecciones de 1924 fueron las más limpias hasta el momento en la historia de la República. El General Gerardo Machado y Morales derrotó en cinco de las seis provincias a Menocal, el candidato conservador. Los cubanos pusieron una desmedida fe en que el país pudiera ser reformado por el hábil político que había llegado a la Presidencia con el lema populista de «A pie», en respuesta a la consigna menocalista de «¡A caballo!, tildada de aristocrática, y que sintetizaba sus promesas en la fórmula «Agua, caminos y escuelas».

Los historiadores no coinciden en sus juicios sobre los primeros años de la gestión machadista. Algunos lo pintan como un defensor de los intereses nacionales; otros, al servicio de «la oligarquía financiera norteamericana».

Lo cierto es que a pesar de que la zafra de 1925 fue lo más abundante hasta la fecha, la superproducción, la acumulación de sobrantes y las tendencias proteccionistas en el mercado estadounidense hicieron que los precios del azúcar se fueran en picada. Los propios hacendados pidieron la intervención gubernamental para evitar una crisis. La situación general produjo la Ley Verdeja –así llamada por ser impulsada por el legislador Santiago Verdeja Neyra– que autorizaba al Presidente a fijar la fecha del comienzo de la zafra y ponía una serie de restricciones a los centrales, tanto cubanos, como norteamericanos. El objetivo era la estabilidad de los precios del azúcar y asegurar la permanencia en el negocio de un buen número de hacendados cubanos, más débiles, que no hubieran podido sobrevivir en una competencia a precios decrecientes.

Estas medidas no estabilizaron el mercado, ni tampoco dieron resultados otros convenios internacionales posteriores. Los controles se abandonarían hasta 1930 en que se reimpusieron ya permanentemente.

Las consecuencias de la crisis azucarera fueron vastas: aumento del desempleo, rebaja de salarios, disminución de ingresos a la renta nacional, cierre de los campos preferentes de inversión de capitales.

Recién llegado a la Presidencia, Machado exhortó al Congreso a aprobar la Ley de Obras Publicas, que esbozaba la construcción de la Carretera Central, edificación del Capitolio, ampliación de la Universidad, reparación de carreteras, pavimentación de calles, construcción de escuelas, hospitales, acueductos, sistema de alcantarillado. Si no todos, muchos de estos proyectos se llevaron a cabo mediante préstamos millonarios concertados por el Chase National Bank. Sin duda hubo quienes se enriquecieron a la sombra de las contratas, pero el plan actuó también como un mecanismo de compensación para aliviar el desempleo ocasionado por la parálisis del crecimiento azucarero. Y gran número de las obras modernizaron el país y perduran aún.

En 1927 se produce la reforma arancelaria, proclamada por algunos como una victoria para los intereses nacionales, mientras otros aducen que no introducía cambios profundos. Sin embargo, los nuevos aranceles permitieron que renglones cubanos que habían alcanzado cierto desarrollo productivo recibieran una mayor protección y que surgieran industrias nuevas.

¿Cuánto se beneficiaron económicamente Machado y sus amigos durante su presidencia, y cuánto el pueblo cubano? ¿Cómo catalogar las relaciones económicas entre Cuba y el poderoso vecino del norte en estos años? Las fuentes ofrecen matices diversos sobre estas interrogaciones que no tienen respuestas fáciles. Pero hay dos hechos que parecen no tener discusión: la represión de gobierno, desde un principio, a toda oposición, y la inexplicable, excesiva adulación que recibió de varios sectores del país. Con respecto a su talante autoritario, bastan dos ejemplos que van de lo ridículo a lo monstruoso. El primero, la prohibición del uso de tambores o de otros instrumentos africanos en las manifestaciones populares, pues según el Presidente, atentaban contra la moral. La otra, el asesinato del periodista Armando André el 20 de agosto de 1925, cuando se disponía a entrar a su domicilio. André había cometido el error de publicar una caricatura satírica de la familia presidencial. Su muerte era también una advertencia a los directores de periódicos que expresaban sus críticas al gobernante. Fue el primer crimen político del Machadato. Conmovió la opinión pública. Sin embargo, no faltaron los que acudieron a Palacio a desagraviar al Presidente.

Machado sofoca las huelgas de los obreros y las peticiones de los estudiantes. Persigue a los intelectuales progresistas y a miembros del Partido Comunista, entre ellos el carismático líder estudiantil Julio Antonio Mella, que se ve forzado a salir del país, y es luego asesinado en México. Se producen nuevos crímenes políticos. Sin embargo, en mayo de 1926 el claustro de la Universidad de La Habana le otorga un doctorado *honoris causa*. Los legisladores orientales anuncian el propósito de levantarle una estatua. Las adulaciones no tenían precedentes.

A principios de 1927 se intensifican los rumores sobre sus aspiraciones a la reelección, contrario a lo que había prometido. Se gesta el cooperativismo, una fórmula política para que todos los partidos lleven un candidato único. La Cámara de Representantes aprueba un proyecto de ley modificando la Constitución a fin de ampliar por cuatro años más el término del Presidente y demás gobernantes electos. Ante este escándalo que hubiera permitido que no sólo la prórroga de poderes de Machado sino de los políticos de los partidos tradicionales, que aseguraban así sus cargos y privilegios, los estudiantes protestan. La policía interviene. La violencia llega hasta el propio recinto universitario. Surge el Directorio Estudiantil de 1927.

En medio de estos choques, Machado viaja a Washington a invitar al Presidente Coolidge a la Sexta Conferencia Panamericana que se producirá en La Habana en enero de 1928. Sugiere ante la Secretaría de Estado la conveniencia de revisar la Enmienda Platt. Viaja a Nueva York y Chicago. Se codea con importantes figuras de Wall Street. Protesta por los altos aranceles impuestos al azúcar cubano. ¿Eran honestas o demagógicas estas peticiones?

A su regreso, el recibimiento es apoteósico. Tal entusiasmo lo induce a hacer un viaje en tren por toda la isla. Al llegar a La Habana, la cargan en hombros para llevarlo a Palacio. ¿Ha perdido el pueblo cubano el sentido del límite? Otros sectores ven fracasadas todas las posibilidades de reforma bajo el sistema político imperante. Aires de revolución recorren la isla.

XXVII

CEMENTERIO EN LAS ANTILLAS

La depresión económica mundial de 1929 tuvo efectos inmediatos en Cuba. Al año siguiente los estadounidenses promulgaron la tarifa Hawley-Smoot, que incrementaba el arancel para el ingreso del azúcar crudo cubano en su país. En 1931, seis naciones productoras de azúcar, Cuba entre ellos, firmaron el Plan Chadbourne, que contenía dos partes, el Convenio de Bruselas, en el que se comprometían a una menor producción para intentar que los precios aumentaran, y un «pacto de caballeros». El primero no consiguió sus propósitos pero afectó poco a Cuba. Sin embargo, el incumplimiento del segundo por remolacheros e insulares que aprovecharon la tarifa Hawley para incrementar sus producciones a expensas de la participación cubana en el mercado norteamericano, fue desastroso para la isla antillana. La producción del azúcar, de la que tan excesivamente se dependía, declinó un 60%. El descenso de otras exportaciones, un 80%. Los precios continuaban en picada. La cosecha de tabaco en 1929 estuvo valorada en $43 millones; en 1933, en $13M.

Como consecuencia, los salarios se redujeron en un 50% para los trabajadores urbanos y en un 75% para los rurales. En el campo se llegó a trabajar 12 horas por 20 centavos. En algunas zonas hasta por 10. El desempleo se disparó. Unas 250,000 cabezas de familia –en una población de 3.9 millones– quedaron en la calle. Un factor demográfico agravaba la situación. Los «baby boomers» cubanos, nacidos después de la guerra de 1898, ahora en sus veintes y treintas, comenzaban a tener familia pero no encontraban trabajo. En 1931, esta generación constituía un 20% de la población, y los niños menores de nueve años, un 30%.

La crisis coincide con el comienzo del segundo período presidencial de Gerardo Machado, extendido a 6 años, después de una enmienda inconstitucional a la Constitución de 1901, con la complicidad de los legisladores, que se mantuvieron en sus cargos sin acudir a elecciones en 1928. El descontento acumulado por la corrupción de gobiernos anteriores, las irregularidades de los procesos electorales, la larga mano de los vecinos del norte en asuntos económicos y políticos, la falta de relevo generacional sumado al escándalo de la prórroga de poderes y la gravísima situación económica, producen una feroz oposición a Machado en casi todos los sectores del país.

El antagonismo surge primero de parte de los viejos caudillos como Menocal y Mendieta. El último, una de las figuras centrales del movimiento de Veteranos y Patriotas, había creado a principios de 1927 la Asociación Nacionalista, junto a elementos reformistas. Pero el fracaso de un intento de insurrección armada hace que se desvanezca su liderazgo.

En 1929 el Partido Comunista de Cuba (PCC) se ha expandido y tiene gran influencia sobre los sectores laborales. Sus dirigentes ocupan posiciones de anarquistas que habían sido deportados o abandonado la lucha. Ello permite al PCC reorganizar el movimiento obrero y extender los sindicatos a otras ramas importantes, como la azucarera. De 1929 a 1932 las huelgan paralizan la producción en muchas industrias, desde la azucarera a la metalúrgica. En 1930, la Confederación Nacional Obrera de Cuba (CNOC) y el PCC, bajo la coordinación de Rubén Martínez Villena, paralizan las principales ciudades del país por más de 24 horas, con un paro respaldado por 200,000 trabajadores.

Los estudiantes no pueden permanecer indiferentes. Recordando al Directorio de 1927, se funda el de 1930. Entre los firmantes del acta constitutiva aparecen, entre otros, Carlos Prío Socarrás, Manuel Antonio de Varona, Rafael Trejo y Justo Carrillo. Cuentan con el apoyo irrestricto de figuras como la de Enrique José Varona. Esta vez el claustro universitario, que pocos años antes había premiado a Machado con un doctorado *honoris causa*, se solidariza con los estudiantes. Al año siguiente los jóvenes más radicales –Raúl Roa, Aureliano Sánchez Arango, Porfirio Pendás, Ester Borja, Pablo de la Torriente Brau y otros– forman el Ala Izquierda Estudiantil.

Surge el ABC, una nueva organización celular que agrupa a jóvenes intelectuales, profesionales y empresarios. La dirección nacional está a cargo de Joaquín Martínez Sáenz. En ella militan Carlos Saladrigas, Jorge Mañach, Francisco Ichaso. El contenido de sus propuestas para una Cuba futura, descrita por algunos como de corte fascista, es discutible, pero los historiadores concuerdan en su contribución a la desestabilización de la dictadura. Es más, durante todo el 32 y principios del 33, es la organización oposicionista más importante. Debe notarse que estos hombres de pensamiento acudieron a actos de terrorismo, como sabotajes y atentados a representantes del gobierno, lo cual contribuye a desgastar al ABC.

Diplomáticos de carrera, como Manuel Márquez Sterling y Alfonso Hernández-Catá, renuncian a sus cargos. El último plasma su denuncia al régimen en su libro «Un cementerio en las Antillas». En Palacio, el Presidente comentaba con sorna que a él no lo tumbaban con papelitos.

Las mujeres también participaron activamente en la oposición. El 8 de enero de 1931 la policía disolvió violentamente una manifestación de mujeres frente al Palacio Presidencial. A partir de esa fecha, la «porra» machadista (como era conocida la fuerza represiva, semejante a los «mazorqueros» argentinos), no hace distinción de sexo. Numerosas mujeres sufren presidio e incluso son asesinadas.

Antonio Guiteras funda la Unión Revolucionaria a mediados de 1932, mediante la unificación de diversos grupos insurrecciónales, principalmente en la provincia de Oriente. Otros opositores toman el camino del exilio y forman Juntas en Nueva York y Miami.

A esta creciente oposición, no exenta de violencia, Machado responde con una férrea represión. El país está en guerra. Por un lado, los atentados políticos a los machadistas, como el de Clemente Vázquez Bello, Presidente del Partido Liberal y del Senado. Por otro, los múltiples asesinatos de líderes obreros, estudiantes, periodistas, políticos que comete el gobierno. La lista de víctimas es cuantiosa. Hay alzados en distintas regiones. Desembarcan expedicionarios en la isla. Todas las noches explotan bombas y petardos, principalmente en La Habana. Una incluso en un baño del Palacio Presidencial. Cada día hay más presos, más desaparecidos, más cadáveres. Se rumora que los oposicionistas son lanzados a fosas que rodean la Cabaña para ser devorados por los tiburones.

En medio de este volcán, se ha inaugurado el Hotel Nacional, la Carretera Central, el Capitolio. Hay intentos de negociación, la mayoría bien intencionados, pero fracasan todos. Fallan por igual los planes para asesinar al dictador. Machado asegura que gobernará hasta el 20 de mayo de 1935, ni un día más ni un día menos. La situación económica, lejos de mejorar, continúa agravándose. Cuba sufre su peor crisis.

En enero de 1933, Franklin Delano Roosevelt toma posesión de la presidencia de Estados Unidos, cargo al que ha sido electo en noviembre del 32, después de varias administraciones republicanas. Anuncia que desea cambiar la política de Estados Unidos hacia la América Latina, ser el «buen vecino». En mayo designa a Benjamín Sumner Welles embajador en Cuba. Comienza el proceso de la «Mediación» o búsqueda de una solución pacífica. Los historiadores no coinciden en sus enjuiciamientos de la misión y actuación de Welles. Sin embargo, parece acertado afirmar que Machado aceptó las negociaciones y hasta hizo algunas concesiones porque veía en ellas un apoyo tácito a que terminaría su período presidencial. Los grupos oposicionistas que participaron (el ABC y los viejos políticos) pensaban lo contrario. Veían en la Mediación un método ingenioso de los americanos para deshacerse de Machado. Posiblemente ambos tenían algo de razón y el diplomático yanqui quería que todos, incluyendo naturalmente su país, sacaran algún provecho de las negociaciones. Pero la Mediación fracasó, como ha sucedido a través de nuestra historia con todo intento de salida negociada a las crisis.

El PCP y la CNOC, que al igual que el Directorio y el ABC Radical, no habían tomado parte en las negociaciones, convocaron a nuevas huelgas. Cerradas otras posibilidades, muchos sectores del país se sumaron. Cuba estaba paralizada. El 7 de agosto un enfrentamiento entre los manifestantes y la policía dejó un nuevo saldo de muertos y heridos. Machado se asusta. Le ofrece al Partido Comunista aceptar todas sus condiciones a cambio de mantenerse en el poder. La jefatura del PCC acepta. Un Machado debilitado les sería más útil que la victoria de otros grupos oposicionistas apoyados por los norteamericanos. Pero la dirección del Partido Comunista no cuenta con que los trabajadores no están de acuerdo. Fracasa este nuevo intento de pacto.

La situación es cada día más crítica. Los militares se deciden a actuar. Algunos dicen que por temor a una intervención americana. Otros, que en contubernio con los «buenos vecinos». Lo cierto es que dan el golpe final a la dictadura. El 12 de agosto de 1933, Gerardo Macado y sus más íntimos colaboradores toman un avión rumbo a las Bahamas. He terminada una etapa de la vida republicana.

XXVIII

CAÍDA DE MACHADO Y RELEVO GENERACIONAL

Los próximos años serían de gran turbulencia. Por una parte, de inmediato hay una reacción popular violenta. Se producen saqueos, persecuciones, asaltos, venganzas, despojos. Las pasiones se desbordan. Nunca, ni al cese de la dominación española, se había visto algo así. Hay material fílmico de la época más elocuente que las descripciones de historiadores o testigos. Sin embargo, dato curioso, aunque las efigies de Machado en las puertas del Capitolio fueron borradas a martillazos, el pueblo respetó la construcción. Según la Dra. Ana Cairo, en su libro sobre el «20 de mayo»: «el edificio era un orgullo colectivo». Opina también la profesora Cairo que «para los capitalinos, se identificaba con el imaginario de la modernización de la ciudad».

Paralelo al desborde de pasiones, hay un intento de mantener un orden constitucional promovido por el Embajador Welles con las fuerzas políticas que habían participado en la Mediación. El General Alberto Herrera, que ha quedado como Presidente *interim*, nombra Ministro de Estado al diplomático Carlos Manuel de Céspedes, renuncia, y recae sobre el hijo del Padre de la Patria, la Presidencia de la República. Céspedes no entiende los aires revolucionarios que soplan tan fuertes como el ciclón que azota la isla en esas fechas. Su equipo de gobierno no cuenta con apoyo popular. Veinte días dura su gestión.

El 4 de septiembre sucede un acto sin precedencia en la historia de Cuba. Se produce un cuartelazo militar de los sargentos, cabos, soldados del Ejército y la Marina. El respaldo ideológico, el impulso cívico, proviene del Directorio Estudiantil. La primera rúbrica del manifiesto de la Agrupación Revolucionaria de Cuba que aparece publicado al día siguiente en los rotativos cubanos es de Carlos Prío Socarrás. La última, de Fulgencio Batista, que se auto designa y firma como Sargento-Jefe de la Revolución. Además, entre otros, aparecen los nombres de Justo Carrillo, Rafael García Bárcena, Juan Antonio Rubio Padilla, Carlos Hevia, Ramiro Valdés Daussá, Gustavo Cuervo Rubio, Guillermo Portela, Ramón Grau San Martín, Sergio Carbó. Se forma la Pentarquía, integrada por Grau y Portela, profesores universitarios, el abogado José María Irisarri, el banquero Porfirio Franca y el periodista Sergio Carbó. Si hasta la fecha los hombres surgidos de las guerras independentistas habían dominado la esfera pública, sería esta nueva generación la que regiría los destinos de Cuba hasta 1959.

Los hechos se sucedieron con rapidez vertiginosa. Hay varios libros con abundantes datos que explican el proceso desde la perspectiva de algunos de los propios protagonistas, como los de Justo Carrillo e Inés Segura Bustamente, quien militó en las filas del Directorio. Existe asimismo una extensa bibliografía de análisis históricos que ofrece diversos puntos de vistas. Los límites de estas crónicas periodísticas sólo nos permitirán señalar al lector algunos de los hechos más sobresalientes y brindarle nuestras conclusiones personales sobre el significado de la Revolución de 1933 en la historia de Cuba.

XXIX

REVOLUCIÓN, POLÍTICA Y MILITARISMO

Después de la caída de Machado el 12 de agosto de 1933, los eventos se suceden con rapidez y conmocionan a Cuba. Los Estados Unidos no reconocen el gobierno de la Pentarquía. Se nombra al doctor Ramón Grau San Martín como Presidente, quien sustituye la Constitución de 1901 por unos Estatutos Constitucionales. Queda prácticamente eliminada la Enmienda Platt, cuyo entierro definitivo tendrá lugar en la Conferencia de Montevideo en Noviembre de ese año y con la firma de un nuevo Tratado Permanente entre Estados Unidos y Cuba en mayo de 1934.

Ya fuese por la falta de reconocimiento de los influyentes vecinos del norte, las intrigas del Coronel Fulgencio Batista, o la velocidad y confusión con que se desarrollaron los hechos, el gobierno de Grau no logra estabilizarse. Quizás se debiera también a la diversidad de sus integrantes, con elementos revolucionarios como Antonio Guiteras Holmes y el surgimiento del militarismo con Batista. Un grupo de oficiales del Ejército toma el Hotel Nacional. El levantamiento es sofocado. Hay un saldo de 14 cadáveres. También muere la influencia de la vieja oficialidad en la vida política del país. Pero apenas un mes después, elementos del ABC y otros viejos oficiales se rebelan y tratan de tomar el Palacio Presidencial. Esta vez se refugian en Atarés. También fracasan. Los muertos en esta ocasión ascienden a 80. Guiteras, como Ministro de Gobernación, coloca decreto tras decreto frente al Presidente Grau para que los firme. Los historiadores no coinciden en sus juicios sobre Guiteras. Muchos aseguran que su filiación era marxista, lo cual lo ven como positivo o negativo, de acuerdo con la perspectiva del historiador. Otros aseguran que estaba impulsado por los más nobles ideales de justicia social. Tampoco coinciden sobre la forma violenta de su muerte en el Morrillo el 8 de mayo de 1935, si fue asesinado o cayó en combate. Parece haber consenso, sin embargo, en que fue el autor intelectual de aquellas leyes promulgadas en «100 días» y que, de acuerdo con Carlos Márquez Sterling, «en muchos aspectos, sobre todo el de la legislación social, situó (a Cuba) por encima de los Estados Unidos, en cuanto se refiera a la seguridad de las clases trabajadoras».

Pese a que apenas dos semanas antes una manifestación popular se ha congregado frente a palacio para mostrar su agradecimiento por las leyes laborales y la actitud nacionalista del gobierno, en enero de 1934, Grau acepta dejar la presidencia. Lo suceden por breves días el Ingeniero Carlos Hevia, y por apenas unas horas, Manuel Márquez Sterling, que será el puente hacia un gobierno de coalición encabezado por Carlos Mendieta, con la representación de importantes grupos políticos del país. El embajador americano Jefferson Caffery es el artífice de esta gestión, y el verdadero protagonista, Batista. Pero hubo oposición y violencia. Guiteras, el Partido Comunista y un editorial publicado en Bohemia denunciaron lo que veían como una solución impuesta, prácticamente un golpe.

Por unos meses el país pareció recobrar cierta estabilidad. Para algunos historiadores, la coalición que respaldaba a Mendieta representaba los elementos que deseaban encauzar a Cuba por el camino constitucional, democrático, institucional, pese a que había que contar con un factor nuevo en la política cubana, la influencia de un militar como Batista. Para otros, estos hombres eran parte de la vieja oligarquía y no se diferenciaban mucho de los machadistas. El país estaba dividido, y 1934 se convierte en un año de múltiples acontecimientos. El manifiesto del Segundo Congreso del Partido Comunista de Cuba, celebrado en abril, muestra la aspiración del PCC de alcanzar al poder por medios subversivos. Grau, que ha marchado al exilio, regresa, es recibido «en olor de multitud» y se marcha de nuevo. Se firma la abrogación de la Enmienda Platt. Un decreto autoriza el voto de la mujer. Mueren en La Habana Rubén Martínez Villena y Alfredo Zayas, ex presidente de la República. Hay huelgas obreras; un atentado contra la vida del Presidente Mendieta. José Eleuterio Pedraza es nombrado Jefe de la Policía Nacional. Las garantías son suspendidas.

A varios periodistas los obligan a beber palmacristi. El país vive de crisis en crisis.

El próximo año, 1935, estará igualmente plagado de inseguridad. En marzo se produce una huelga general. Algo más grave sucederá. Se establece la pena de muerte y se faculta a los Consejos de Guerra para juzgar a los civiles involucrados. Y en efecto, se ejecutan a varios sancionados. Se cierran centros de enseñanza. La autonomía universitaria se suspende. En diciembre Mendieta renuncia y toma posesión como Presidente provisional José A. Barnet. En medio de esta inestabilidad, se celebran elecciones el 10 de enero de 1936. Es la primera vez que las mujeres votan. Resulta electo Miguel Mariano Gómez, hijo de José Miguel Gómez, el segundo presidente del República.

A finales de este difícil año llega a La Habana Juan Ramón Jiménez, que permanecerá en la isla hasta 1939. Con su libro *La poesía en Cuba* llevará al plano internacional a muchos de nuestros mejores poetas, que, milagrosamente, pergeñan sus versos en medio del caos.

Los historiadores no coinciden sobre cuánta independencia muestra el nuevo presidente con respecto a la ascendente fuerza, tras bambalinas, de Batista. Sin embargo, Miguel Mariano Gómez no durará mucho como presidente. Veta una ley que establecería un impuesto sobre el azúcar para costear escuelas cívico-militares. Sucede algo inédito en la política cubana. La Cámara de Representantes destituye al primer mandatario. Y es que pese a todas estas figuras civiles que se han turnado en la silla presidencial, el poder real, sobre todo después de la huelga de marzo de 1935, está en manos de Batista. De ahí la destitución de Miguel Mariano cuando intenta frenar el militarismo, un mal que hasta entonces no había padecido la República. Toma posesión Federico Laredo Bru, el vicepresidente.

No fueron éstos, ni con mucho, los únicos acontecimientos de años tan convulsos. Hubo factores externos, aspectos económicos, otros actores y movimientos que no hemos mencionado en esta apretada síntesis. Un resultado, sin embargo, es indiscutible. El país, para bien o para mal, se había trasformado.

XXX

EL PODER DETRÁS DEL TRONO

Como hemos mencionado anteriormente, a pesar de las figuras civiles al frente de los gobiernos que se sucedieron tras la renuncia de Grau en enero de 1934, la fuerza real estaba en manos del Coronel Batista. ¿Cómo fue posible que el Sargento del golpe del 4 de septiembre lograra tales poderes?

Anteriormente el ejército había desempañado en algunos momentos el papel de aparato represivo a servicio del gobierno de turno. Durante las campañas electorales, había ejercido la coacción y la persecución de adversarios políticos oposicionistas, que, conviene decir, en no pocas ocasiones también apelaron a métodos violentos. Pero el militarismo no había sido hasta el momento un factor de peso en la política nacional. Batista alteraría esa realidad. Mediante un decreto de noviembre de 1934, estableció el papel decisivo del cuadro de oficiales creado a partir del movimiento septembrista. Instituyó un privilegiado sistema de salarios, asignaciones y sobresueldos tanto para los oficiales como los simples alistados. Incrementó el número de miembros de las Fuerzas Armadas, que alcanzó la cifra de más de 14,000 hombres, sin contar los destacados en servicios de inteligencia. Las estadísticas reflejan que había un militar por cada 285 habitantes. Otro decreto de marzo del 36 creó la Policía Nacional, bajo la dirección de la Secretaría de Defensa y una jefatura central. Se ofrecía a los militares seguridad social, hospitales especiales, balnearios, viviendas, cajas de auxilio. En fin, una larga lista de beneficios. Se construyó una red de cuarteles, campamentos, estaciones de policía y una infraestructura de talleres, armería, alcantarillados, construcciones de caminos, carreteras y naves. Se modernizó y transformó la vida de las instituciones militares. Si en 1925 el presupuesto asignado a la Secretaría de Defensa era aproximadamente un 14% del presupuesto nacional, en 1936-1937 sobrepasaría el 25%. Y como el Coronel Batista controlaba ascensos, otorgamiento de grados, traslados y obligados licenciamientos, dominaba hábilmente lo que pronto se convirtió en la fuerza más cohesionada dentro del escenario político nacional. ¿Necesitaba la isla antillana un aparato militar de esta magnitud?

La creciente intervención militar en la sociedad cubana no carecía de oposición. Para dar un solo ejemplo, recordemos que 45 representantes se opusieron a la destitución de Miguel Mariano Gómez, y formaron el Bloque Democrático. Protestaron ante los registros, arrestos y «palmacristazos» arbitrarios.

Pero Batista enfrentaba una situación más difícil que la oposición interna. La situación internacional se caracterizaba por una intensa lucha contra el nazismo y el fascismo, lo cual repercutió en Cuba. El momento no era propicio para gobernar apoyado en un partido militar. Batista mantenía magníficas relaciones con los norteamericanos y comprendió que debía orientar sus aspiraciones por otras vías. Además, no quiso limitarse a lo militar, sino proyectarse como estadista. En agosto de 1937, ya con Federico Laredo Bru en la presidencia, lanzó El Plan Trienal, concebido un poco a la manera de los planes quinquenales soviéticos, con una amplia gama de medidas, dirigidas al mejoramiento de la población rural. Había sido elaborado por sus asesores, con poca o ninguna intervención del Poder Legislativo. Aunque el Plan sería abandonado en menos de un año, tuvo como saldo favorable la Ley de Coordinación Azucarera –que debe mucho a la paciente labor del Senador Amadeo López Castro–, y algunas medidas que en materia de educación, sanidad y beneficencia desarrolló el Consejo Corporativo.

Con respecto a las relaciones con los yanquis, baste recordar que en noviembre de 1938 Batista es invitado a Washington por el General Malin Craig, jefe del Estado Mayor del Ejercito de Estados Unidos. El Embajador Sumner Welles lo recibe en la ciudad junto al Potamac. El Presidente Franklin Delano Roosevelt lo invita en la Casa Blanca. Batista está presente en el Cementerio de Arlington en las ceremonias del Día de los Veteranos. Visita la Academia de West Point, donde se le trata de acuerdo con su elevada jerarquía militar. En Nueva York, el alcalde lo atiende por todo lo alto. Se reúne con ejecutivos de la banca y de las grandes empresas. Regresa a La Habana para anunciar nuevos tratados que beneficiarán a la isla. Sus seguidores lo apodan El Mensajero de la Prosperidad. Al año siguiente Lázaro Cárdenas, Presidente de México, lo invita a su país, quizás con ánimo de resquebrajar su alianza con los norteamericanos, y que el Coronel cubano se sume a su política antiyanqui. Lo cierto es que se le exalta como un líder continental. Y en Cuba, si bien crece la oposición, también aumenta el círculo de aduladores.

Con todo, la situación política y económica no logra estabilizarse. En 1937 se han tomado algunas medidas para atenuar el descontento. Se autoriza la organización del Partido Unión Revolucionaria, manejado por el aún clandestino Partido Comunista, con Juan Marinello como su Presidente. Se declara una amplia amnistía política. Se concede la autonomía universitaria. Se reorganiza la educación. Y para ofrecer más oportunidades laborales a los criollos, continúa la repatriación de los haitianos y jamaiquinos que no tienen un estatus legal en el país.

Los partidos políticos de la oposición, aunque no libres de divisiones, insisten en la convocatoria a una Asamblea Constituyente. Batista quiere elecciones generales primero, Constituyente después. Se ha empeñado en llegar a la Presidencia por la vía electoral. Es un militar que utiliza la fuerza contra sus adversarios pero reclama una legitimidad política en las urnas. Ansía la aprobación popular. La oposición no cede. Insiste en Constituyente primero y elecciones después. Y se produce en estos momentos un fenómeno nuevo en la política cubana: las negociaciones. Laredo Bru se convierte en una figura mediadora. Se le acusa de haber sido un títere de Batista, pero de las varias reuniones en la finca de la familia Párraga con los representantes de los principales partidos, no sale triunfador el Coronel, que pronto se hará ascender a General. Las elecciones para la Asamblea Constituyente se llevan a cabo el 15 de noviembre de 1939. Son honestas. El Frente Oposicionista saca mayoría de votos frente a la coalición gubernamental. De las 76 actas, corresponden 41 a la oposición y 35 al gobierno. Comenzaba el capítulo más hermoso en la historia de la República.

XXXI

LA ASAMBLEA CONSTITUYENTE DE 1940

Entre los 35 delegados de la coalición gubernamental elegidos a la asamblea constituyente, había hombres de gran talento, como José Manuel Casanova, José Manuel Cortina, Rafael Guas Inclán, Orestes Ferrara y Emilio Núñez Portuondo del Partido Liberal. El Partido Comunista, también parte de la coalición, contaba con miembros igualmente capaces como Juan Marinello, Blas Roca, Esperanza Sánchez Mastrapa y el gran orador Salvador García Agüero. La oposición no se quedaba atrás en cuanto a figuras inteligentes entre sus 41 delegados. En el Partido Auténtico se distinguían Eduardo Chibás, Alicia Hernández de la Barca, Eusebio Mujal, Emilio Ochoa, Carlos Prío y Ramón Grau San Martín, de inmensa popularidad tras su breve gobierno revolucionario. Los abecedarios tenían a Francisco Ichaso, Joaquín Martínez Sáenz, Jorge Mañach. Entre los demócratas y los republicanos –que en su mayoría provenían del partido conservador y del CND menocalista, ambos desaparecidos– se destacaban, respectivamente, Pelayo Cuervo y Santiago Rey; y Manuel Dorta Duque (quien sustituyó a Ramón Zaydín) y Carlos Márquez Sterling, quien había comenzado su carrera política en las filas de las juventudes liberales. Basten estos ejemplos para comprender que existía en la asamblea diversidad de filiaciones políticas, abundante materia gris, aspiraciones personales y fuertes personalidades. José Manuel Cortina resumió el espíritu que debía animarlos, en uno de sus discursos más brillantes en la tarde de apertura de la Asamblea Constituyente, al decir: «¡Los partidos fuera! ¡La Patria dentro!» Y en efecto, pese a dificultades, prevaleció una voluntad de no defraudar las esperanzas que el pueblo de Cuba había puesto en estos 73 hombres y 3 mujeres.

Los debates fueron intensos y hubo de todo: retórica de los que gustaban oírse, oratoria brillante, sagaces duelos verbales, anécdotas humorísticas y pérdida de tiempo en discusiones banales sobre el reglamento. Pero cuando se releen las transcripciones de las sesiones hoy, a más seis décadas de distancia, asombra sobretodo la inteligencia con que se discutieron temas fundamentales, aún vigentes. Los cubanos escuchaban por radio las sesiones con atención y sano entusiasmo. Se ha dicho que estas trasmisiones en vísperas de elecciones generales llevaron a algunos políticos a adoptar actitudes que pudiesen granjearles mayor popularidad. También hizo que el pueblo se sintiera partícipe del proceso. Una nueva y esperanzadora etapa se deslumbraba en el horizonte. En vez de entrarse a tiros, poner bombas, alzarse en las lomas o alterar las urnas, los políticos actuaban como parlamentarios y sentaban nuevas bases para encaminar la República.

La Constituyente fue, sin lugar a dudas, el colofón de la Revolución del 33. En gran medida resulta una transición entre la vieja política –representada por figuras como Cortina, Ferrara, Santiago Rey– que supieron entender que ya el país no podía gobernarse como antes de Machado, y las fuerzas emergentes –auténticos, comunistas, abecedarios– que tampoco habían sido capaces de afirmarse como alternativa de poder.

Hubo crisis. Grau, merecidamente, había sido designado Presidente de la Asamblea. Pese a su filiación con el movimiento revolucionario del 33, desde el comienzo de las sesiones asumió una firme posición para evitar luchas internas y partidistas. Sin embargo, el jefe del Partido Auténtico no dominaba la técnica parlamentaria y los constantes desórdenes hacían temer que aquello se convirtiera en un caos. Además, Fulgencio Batista, deseoso de asegurar su elección en los próximos comicios, le ofrece a Raúl Menocal la Vicepresidencia, la Alcaldía de La Habana, tres gobiernos provinciales y doce senadurías. Este pacto altera la composición de la asamblea, al pasar los votos menocalistas al gobierno y quedar la oposición en minoría. Grau renuncia a la Presidencia. Tras ser ocupada provisionalmente por los dos vices, le ofrecen la Presidencia a Carlos Márquez Sterling, quien además del prestigio de su apellido, traía consigo su experiencia como Presidente de la Cámara de Representantes. Los periódicos de la época y un gran número de historiadores coinciden que el enérgico liderazgo del joven político –tenía entonces 42 años– logró que la Asamblea pudiera concluir su labor en el tiempo prescrito, para lo cual hubo que trabajar sin tregua, con dos y tres sesiones diarias, durante los últimos veinte días. El 8 de junio, al dar por terminada la Constituyente, Márquez comentó, «No es una obra perfecta, pero responde a un estado de derecho. Y es la primera vez que la voz del pueblo de Cuba se hace realidad tras un largo y duro batallar».

Al día siguiente, los constituyentes viajaron a Guáimaro en un tren especial y en el salón del Consistorio firmaron la Carta Magna de la República. Finalmente, el 8 de julio, en una imponente ceremonia en las escalinatas del Capitolio, quedó solemnemente promulgada la Constitución de 1940, que entraría en vigor el 10 de octubre de ese año.

En el orden político, la Constitución instauraba un mandato presidencial de cuatro años, sin posibilidad de reelección hasta pasado ocho años. En cuanto al Poder Legislativo, se elegirían nueve senadores por provincia y un representante por cada 17,500 votantes. Se hicieron regulaciones para que el poder judicial tuviera autonomía absoluta. En materia de derechos individuales, todos los cubanos eran iguales ante la ley. Las discriminaciones de cualquier clase se declaraban punibles. Las leyes no podían tener efecto retroactivo. No se podían expropiar propiedades sino por causa de utilidad pública y con previa indemnización. No había pena de muerte. Existía el registro de presos, la presunción de inocencia, y el derecho de *habeas corpus*; es decir, no se podía mantener a los ciudadanos detenidos sin ser llevados ante un tribunal e instruidos de cargos. La Constitución reconocía el derecho de movimiento, reunión, religión, pensamiento, expresión; el secreto de la correspondencia y la inviolabilidad del domicilio. Se podía entrar y salir libremente del país. Se autorizaba la resistencia legal a aquellas disposiciones que restringieran estos derechos.

En cuanto al orden laboral, la Constitución fijaba la jornada máxima de 8 horas diarias y 44 semanales, el derecho a la sindicalización, el descanso retribuido, la protección a la mujer embarazada. En el libro de Historia de Cuba titulado «La neocolonia» publicado en La Habana en 1998, se reconoce que «sin duda, la orientación que configuraba este pliego en materia de trabajo lo situaba como una de las constituciones de mayor alcance y esto le confirió una amplia repercusión en todo el ámbito latinoamericano».

Naturalmente que también se cometieron errores. Quizás precisamente por querer conciliar tantos puntos de vista diversos, y por la premura con que se trabajó una vez despejadas las materias reglamentarias y la crisis política, la Constitución es excesivamente casuística. Además, también remitía buena parte de sus provisiones –proscripción del latifundio, regulación de la banca, etc.– a la promulgación de leyes complementarias, con lo cual, en algunos aspectos, resultó más un programa, que una ley fundamental. Pero más allá de las virtudes y defectos del documento en sí, deben destacarse dos hechos fundamentales. Primero, que la Asamblea Constituyente de 1940 es el único momento en la historia de Cuba en que un grupo de cubanos, electos libremente por el pueblo, sin intervenciones ni presiones foráneas, se desempeñaron con altura en el plano político –que es el arte de lo posible– y supieron negociar y conciliar sus diferencias en aras del bien común. Segundo, que el pueblo cubano tomó plena conciencia del significado del momento. La Constitución de 1940 se instalaría en el imaginario nacional como la representación más viva de las aspiraciones ciudadanas de una República libre, soberana y justa.

XXXII

DE LA CONSTITUYENTE A LA JORNADA GLORIOSA

Fulgencio Batista y Ramón Grau San Martín, las dos figuras que surgieron con mayor fuerza de la Revolución del 33, se enfrentaron en las urnas el 14 de julio de 1940. Ganó el primero. El criterio más difundido es que no faltaron fraudes. Posiblemente, no eran necesarios. La nueva constitución no entraba en vigor hasta el 10 de octubre y los comicios se llevaron a cabo bajo la ley electoral Gutiérrez. El voto no era directo, sino preferencial. El coronel, que había construido hábilmente una coalición política, tenía una amplia ventaja.

Batista se supo rodear de personalidades de gran talento, como Gustavo Cuervo Rubio, Carlos Saladrigas, José Manuel Cortina, Víctor Vega Ceballos, Juan J. Remos, Aurelio Fernández Concheso, Ramón Vasconcelos, Amadeo López Castro, Jorge García Montes y María Gómez Carbonell, nombrada ministra sin cartera en 1942, la primera mujer que aparece en un gabinete presidencial. Pero los constantes cambios en sus gabinetes impidieron una labor provechosa en los ministerios.

Entre los aspectos positivos de estos años, pueden destacarse: fortalecimiento de la autonomía universitaria, desmilitarización de los institutos tecnológicos, promulgación de la Ley de Maternidad Obrera, creación de la Caja del Retiro Azucarero y establecimiento del voto directo. Entre los negativos: la violencia política que no cesó; la intervención excesiva del Presidente en la política, que especialmente al principio de su mandato parecía olvidar que ya no regía el sistema presidencialista; y la corrupción administrativa, que lejos de frenarse, aumentó.

Algunos factores externos, principalmente la Segunda Guerra Mundial, tuvieron gran efecto en la isla. En los primeros años, la economía sufrió grandemente y escasearon productos básicos. Posteriormente, el aumento de las zafras hizo posible la recuperación económica. Cuba, por razones históricas y geográficas, se colocó del lado de los Aliados. Hoy en día, sin embargo, asombran algunas de las medidas que se tomaron entonces. Por ejemplo, Cuba declaró la guerra a Japón, Alemania e Italia y se arrestaron miles de ciudadanos de estos países. Los cubanos sufrieron la pérdida de los navíos «Santiago de Cuba», «Manzanillo» y «Libertad» y las vidas de sus sesenta y dos tripulantes; a su vez, hundieron un submarino alemán y ejecutaron por espía al alemán Henri Augusto Luning.

El conflicto bélico estimuló la creación de nuevas industrias de guerra que favorecieron la economía. Otras condiciones, como la regulación de abastecimientos y precios, ofrecieron nuevos márgenes para el peculado. El sargento que había empezado en el ejército como taquígrafo, salió de la Presidencia millonario.

Batista colaboró con los comunistas, al punto de llevarlos al gabinete y permitir que dominaran organismos laborales, como la Confederación de Trabajadores de Cuba, donde tenían un considerable respaldo de las masas desde su creación en 1939. Es posible, como señala Octavio R. Costa en su magnífica obra «Imagen y Trayectoria del Cubano en la Historia» que no lo hiciera por convicción o simpatías sino por cálculo político. Esta cooperación fue mutuamente beneficiosa. Los comunistas consiguieron evitar huelgas sindicales a partir de 1942; por su parte, el gobierno favoreció sus demandas, y los obreros obtuvieron aumentos salariales y otras mejoras. Recordemos que Washington y Moscú fueron aliados durante la guerra y que los comunistas articulaban un discurso muy atractivo sobre los derechos de los trabajadores y de las clases más desposeídas. Habían contribuido positivamente en la Asamblea Constituyente y contaban con figuras de gran talento y prestigio, como Juan Marinello y Carlos Rafael Rodríguez, entre otros.

El desarrollo urbano habanero, especialmente en cuanto a edificios de servicio público, fue notable. Se construyeron las sedes del

Archivo Nacional, la Sociedad Económica de Amigos del País, la nueva Escuela Normal de La Habana, el Hospital de Maternidad Obrera, el Palacio de Convenciones y Deportes. No toda la construcción fue en la capital. El Hospital Ambrosio Grillo y la Presa Pluvial de Charco Mono en Santiago de Cuba, el hospital de Banes (de donde era oriundo Batista), bancos de sangre, hospitales y once Institutos de Segunda Enseñanza fueron algunas de las obras en el interior. Se creó la Escuela de Periodismo Manuel Márquez Sterling y se cedió el Hospital Calixto García a la Universidad de La Habana. Se comenzó el Hospital para tuberculosos de Topes de Collantes y el edificio de la Biblioteca Nacional.

Una vez alcanzada la Presidencia, aunque rodeado por una camarilla militar que mantuvo su influencia, Batista fue reduciendo las prerrogativas e intromisiones del ejército en la vida nacional que había caracterizado su ejecutoria durante la precedente etapa militarista. De ahí que en febrero de 1941 se produzca un intento de golpe de estado de parte del Jefe del Ejército, José Eleuterio Pedraza. Batista lo sofocó hábilmente. «El hombre», se decía en la calle, «se puso el jacket». Fue a Columbia, habló a la tropa, destituyó a Pedraza, lo envió a Estados Unidos con su familia, y sin mirarla, rompió la lista de los que habían conspirado con él.

En 1943, con motivo de la guerra, Batista invitó a los partidos de la oposición a formar un gobierno de coalición. En realidad, siempre incluyó en su gobierno a personalidades de diversa procedencia partidista. Era una forma inteligente de neutralizar a posibles adversarios, aunque varios de ellos renunciaron en breve tiempo a sus cargos. Incluso los auténticos –el mayor núcleo opositor– vacilaron; pero la fogosa oratoria de uno de sus miembros, Eduardo Chibás, y su denuncia constante de todos los males del gobierno, hizo imposible que aceptasen. Por otra parte, se separaron del gobierno importantes figuras como Cuervo Rubio, Raúl Menocal, alcalde de La Habana, y Guillermo Alonso Pujol, presidente del Senado.

A finales de 1943, 83% de un electorado de 3,333,000 se inscribe en los partidos políticos, muestra de la fe del pueblo cubano en las nuevas normas del juego establecidas por la Constitución de 1940. El

Partido Auténtico, en primer lugar, casi dobla la filiación del segundo, el Liberal. Llega 1944, año de elecciones. Carlos Saladrigas-Ramón Zaydín, la candidatura de la Coalición Socialista Democrática se opone a la de Ramón Grau-Raúl de Cárdenas, de los Auténticos. Algunos aconsejan a Batista que vete el código electoral y dificulte la victoria de la oposición. No lo hace. El 1 de junio de 1944 se producen unas elecciones trasparentes. Los propios cubanos se sorprenden. Grau gana por una mayoría abrumadora. Saladrigas, siempre elegante, lo felicita. Chibás bautiza la fecha como «la jornada gloriosa». El Presidente electo, con Carlos Prío y Chibás, visita Palacio invitado por el Presidente saliente. El 10 de octubre toma posesión Grau. La democracia parece ir por buenos rumbos y el pueblo, entusiasta, se llena de nuevo de esperanzas.

XXXIII

LA CUBANIDAD: ¿AMOR O GATILLO ALEGRE?

Ramón Grau San Martín tomó posesión de la Presidencia de Cuba el 10 de octubre de 1944 tras unas elecciones libres. Gozaba de una inmensa popularidad. Lo precedía una mística revolucionaria y las denuncias de su partido al peculado y la violencia durante gobiernos anteriores. Pese a su «ceceo», por su simpatía y el nacionalismo de la plataforma del Partido Auténtico, lo apodaron «El Apóstol de la cubanidad». La cubanidad, decía Grau, era amor.

¿Cuál fue el balance de su gestión? En los aspectos positivos, hay que destacar la obra social, que, aunque procedente del Congreso, el Presidente apoyó. Se crearon Cajas de Retiro y Seguros de profesionales y trabajadores, que beneficiaban, desde abogados y farmacéuticos hasta barberos y trabajadores de electricidad y gas. Otras medidas de la época fueron la Jornada de Verano –los comercios cerraban los lunes y daban el día libre a los empleados–, el fondo de Estabilización del Tabaco y la disposición que imposibilitaba el despido de empleados sin un previo expediente que lo justificara por causas mayores. En 1946, se llevó a cabo el Primer Censo Agrícola, esencial para fijar en el futuro cualquier política sobre cuestiones de la tierra y su cultivo.

En lo económico, también hubo mejoras. La zafra de 1947, cercana a los 6 millones de toneladas, superó el monto récord que había alcanzado en los años veinte. Continuaron las ventas globales a Estados Unidos, pero Grau mantuvo una firme posición negociadora. Apoyado en los reclamos de los obreros, el gobierno obtuvo mejores precios para el azúcar y, además, logró que se vinculara al aumento de los precios de los productos norteamericanos consumidos en Cuba. Ello hizo posible «el diferencial azucarero», mediante el cual la diferencia entre el precio marcado previamente para la venta del azúcar y el superado por el mercado se repartía entre colonos y trabajadores agrícolas, para quienes representó un notable incremento en sus ingresos. El dinero corría. El Presidente aseguraba que había «dulces para todos».

En el orden negativo, los vicios –la corrupción y la violencia política– que habían plagado al país y que los auténticos habían denunciado, lejos de eliminarse, se agravaron. En cuanto a la malversación, el caso más notorio fue el de José Manuel Alemán, que ocupó varios cargos ministeriales y ejercía gran influencia en Palacio. Se calcula que alcanzó una fortuna de más de $50 millones. Algunos aseguran que Alemán padecía de un cáncer terminal y que repartía el dinero con generosidad. En todo caso, no fue el único. Dicen que el dinero se sacaba en maletas de las arcas del Tesoro. ¿Hipérbole criolla? Quizás, pero surgieron millonarios de la noche a la mañana. Al mismo tiempo, hubo intentos de parte de parlamentarios honestos de encausar a los gobernantes que se enriquecían a costo del erario público. Lamentablemente, no prosperaron.

Durante los dos primeros años, los auténticos estaban en minoría en el Congreso y Grau buscó el apoyo de los comunistas. Cuando obtuvo mayoría legislativa, sin embargo, se apoyó en el clima de la «guerra fría» para romper con ellos e intentar controlar el movimiento sindical. Utilizó para esta operación grupos gansteriles. El asesinato de Jesús Menéndez, líder sindical azucarero, es ejemplo de la sangrienta secuela.

Resurgieron con fuerza el «bonchismo universitario» y el «gansterismo político». Algunos historiadores achacan a Grau una responsabilidad pasiva. Alegan que «dejó hacer» con la idea de que los pandilleros se matarían unos a otros. El argumento es débil porque muchos de los matones estaban a sueldo del gobierno. Los atentados, las bombas, las amenazas, los tiroteos, la violencia, adquirieron proporciones gravísimas.

Una fecha funesta fue el 15 de septiembre de 1947, en que la batalla de Orfila regó de cadáveres el barrio de Marianao. Muchos de los protagonistas de los sangrientos eventos ostentaban grados de comandante en la Policía. Era en verdad una fauna gansteril apodados como los del «gatillo alegre». Entre los muertos, la esposa de Morín Dopico. Su pequeña hijita, herida.

Algo igualmente grave se achaca al Presidente Grau: su rechazo al régimen parlamentario. Bloqueó todas las iniciativas de senadores y representantes para interrogar o enjuiciar a sus ministros cuando se colocaban por encima de la ley. En ningún momento, el hombre que presidiera la Asamblea Constituyente de 1940, mostró respeto por el Congreso. Entre el poder ejecutivo y el legislativo se produjo un abismo. Al mismo tiempo, si había habido infinidad de errores anteriormente, también un gran número de personalidades inteligentes, con sentido cívico y patriótico, habían ocupado cargos gubernamentales. Ahora el Presidente se rodea –con excepciones, naturalmente– de personajes desconocidos y en muchos casos mediocres. Podría verse como un renuevo generacional y una democratización de la política, antes dominada por la clase alta y media, y por los intelectuales. Pero cabe preguntarse ¿qué consecuencias tuvo para Cuba?

También en 1947 se produce el entrenamiento en Cayo Confites de más de un millar de cubanos con planes de desembarcar en Santo Domingo para derrocar al General Rafael Leónidas Trujillo. En la operación estaba involucrado Fidel Castro, que a partir de 1945, comienza a actuar en la vida pública cubana, principalmente en el escenario de la colina universitaria. A instancias de Washington, el gobierno, que no ha estado al margen de los planes expedicionarios, confisca las armas.

Otro evento de menor relevancia de estos años pero que ha quedado grabado en el imaginario nacional: el misteriosa robo del famoso diamante del Capitolio y su igualmente inexplicable aparición en el despacho del Presidente.

Desde 1946 pueden vislumbrarse las divisiones entre los auténticos. Eduardo Chibás se separa y crea el Partido del Pueblo Cubano (Ortodoxo). Remeda a Luis Muñoz Marín en Puerto Rico y enarbola el lema «Vergüenza contra dinero». El más ardiente defensor de Grau, se convierte en su implacable fiscal. En sus programas radiales cada domingo por la CMQ, Chibás denuncia con inflamada retórica todos los males del gobierno. ¿Exagera? ¿Ayudan o perjudican estas diatribas radiales al proceso democrático? ¿Qué efecto tendrán sobre el electorado en los próximos comicios?

XXXIV

¿NUEVOS RUMBOS?

El 10 de octubre de 1948 tomó posesión de la presidencia de Cuba, Carlos Prío Socarrás, de 45 años de edad, el primer mandatario nacido en el siglo XX, después de la fundación de la República. Era un hombre inteligente, simpático, con verdadero carisma. Sobretodo, aunque producto de la Revolución del 30, se trata de un político nato, con férreas convicciones democráticas. Sus ocho años como senador lo han hecho comprender y respetar el peso del Poder Legislativo. Aspira a una gestión nacionalista, reformadora, progresista. Desea ser el Presidente cordial. Promete hacer cuanto esté a su alcance para terminar con el pandillerismo que tantas vidas ha costado ya. Una vez más, el pueblo cubano se llena de esperanzas. En muchos aspectos, Carlos Prío no los defraudó. En los primeros meses de su administración se aprueba la Ley contra el Gangsterismo, y las leyes que establecen el Banco Nacional y el pago de las pensiones adeudas a los veteranos de la Guerra de Independencia. Se dicta un decreto que rebaja los alquileres de edificios de apartamentos, locales y habitaciones. En mayo, el Presidente sanciona la Ley del Tribunal de Garantías Constitucionales y Sociales, complementaria de la Constitución de 1940. En 1949, la ley No. 16 aprueba el funcionamiento de universidades estatales en Las Villas y Santiago de Cuba y, en 1950, se legaliza el status de planteles de educación privada, como la Universidad Católica Santo Tomás de Villanueva.

Antes de que termine 1949, se promulga la Ley 5 que establece el Banco Agrícola e Industrial de Cuba (BANFAIC) y la Ley 9 sobre la equiparación civil de la mujer casada. También ese año se establece la Junta Nacional de Economía. Son sólo algunos ejemplos de la notable labor legislativa durante este período.

En el orden económico, el anuario estadístico de 1952, que incluye las cifras de los años anteriores, muestra que hubo un incremento en la producción azucarera en esos años, lo cual fue doblemente beneficioso porque los precios del azúcar también subieron. Una rápida ojeada a las cifras hace ver al lector no experimentado en temas económicos, un gradual pero saludable aumento en muchos renglones de producción, al igual que una gran disparidad entre la capital y las provincias. Por ejemplo, 54.6% de los salarios por actividades comerciales e industriales en 1951, fueron pagados en La Habana. También es interesante observar el aumento en el comercio exterior, aunque hay una disminución del saldo de la balanza comercial. El principal socio comercial de Cuba es sin duda Estados Unidos, pero los productos cubanos se van abriendo paso en otros mercados, como el de Alemania, Inglaterra y otros países de Europa y Asia. En 1950, el buró de crédito exterior de Estados Unidos declara que Cuba está en la primera categoría de países que cumplen con el pago de su deuda externa.

El incremento vertiginoso en la importación de automóviles es reflejo del creciente desarrollo del país. Por ejemplo, en 1947 había en Cuba un total de 66,794 vehículos motorizados. En 1952, se habían más que duplicado, pues llegaban a 152,591, en una población que se calculaba de aproximadamente de 5.5 millones. También llama la atención el crecimiento de las instalaciones telefónicas, y el gran número de cubanos –un promedio de 80,000 al año– que entran y salen del país. Otro dato de interés: en octubre de 1950 comienza sus trasmisiones el Canal 2 –propiedad de Gaspar Pumarejo– el primero en fundarse en el país, y uno de los primeros de la América Latina. Unos meses después, en marzo de 1951, se inaugura el edificio Radiocentro y la cadena de televisión CMQ-TV, de los hermanos Mestre. Si es clave el creciente peso de la banca cubana en el panorama financiero, también se destaca el papel de la empresa privada.

La República, próxima a cumplir medio siglo, comienza a proyectarse más en el muy complejo panorama internacional. Algunos hitos de esos años, además del viaje de Prío a Estados Unidos, invitado por el Presidente Harry S. Truman: Cuba firma la Declaración Internacional de Derechos Humanos el 10 de diciembre de 1948 y asume en marzo del año siguiente la Presidencia del Consejo de Seguridad de las Naciones Unidas. También hay incidentes tensos, desde el de los famosos marineros norteamericanos embriagados que «hacen aguas» en la estatua de Martí, al que se produce cuando al Embajador soviético le ha parecido ver durante los carnavales caretas que se asemejan al rostro de Stalin. Otros problemas son más serios. Incluso la OEA necesita intervenir para aplacar los conflictos de Cuba y Guatemala con la República Dominicana. Asimismo se produce una situación tirante cuando Cuba se pronuncia en defensa del Cardenal József Mindszenty de Hungría, líder católico enjuiciado y condenado a muerte después de la invasión soviética. Vale recordar asimismo que cuando en 1950 se pone a votación levantar el embargo que ha sufrido España durante la era franquista, Cuba es uno de los 12 países que se abstiene. Ese mismo año, cuando dos puertorriqueños independentistas intentan asesinar al Presidente Truman, el gobierno cubano se interesa por la suerte de Pedro Albizu Campos, líder del movimiento. Aunque hoy pueda analizarse con otra perspectiva, en su momento, estas posiciones diplomáticas eran afines a las firmes convicciones democráticas y nacionalistas del Presidente Prío y del pueblo cubano.

Pero no todo marchaba bien en el país. La corrupción y la violencia tenían raíces profundas. No era posible que un gobernante, por mucha buena voluntad que tuviese, pudiera cambiar la cultura política de los cubanos. Los nuevos rumbos que el Presidente Prío había proclamado con optimismo se vieron torcidos por graves acontecimientos.

XXXV

EL COSTO DE LA DEMOCRACIA

A pesar de la magnífica labor legislativa durante la gestión presidencial de Carlos Prío, que incluye la creación del Tribunal de Cuentas y la ley de Arrendamiento –fácilmente burlada, pero que intentaba promover un mejor uso de las tierras– y pese a la positiva coyuntura azucarera, no dejó de haber serios problemas. En los años 48 y 49, a partir de la guerra de Corea, se produce un difícil reajuste económico. Los patrones presionan para rebajar salarios lo cual a su vez genera huelgas laborales. El gobierno intenta manejarlo decretando intervenciones temporales y obteniendo ciertas protecciones dentro del marco de las especiales relaciones comerciales con Estados Unidos.

Contrario a otros presidentes anteriores, Carlos Prío respetaba las libertades y no usaba la fuerza pública para sus fines políticos. Tampoco colocó a sus partidarios por encima de la ley. Cuando en enero de 1949 el Dr. Pelayo Cuervo Navarro presenta ante el Tribunal Supremo una denuncia en que acusa al ex Presidente Grau y a varios de sus ministros de malversación de bienes públicos, el Presidente no hace nada para que dicha Causa 82 no continúe su curso legal. No se compromete con lo que ha sucedido en la administración anterior. Las relaciones entre Grau y Prío no serán ya iguales.

¿Quiere decir esto que la administración de Prío fue honesta? Algunos alegan que la corrupción fue tan flagrante como en los tiempos de Grau. Se implica a los hermanos del Presidente. Se habla de la falsa incineración de billetes de banco oficialmente nulos. Incluso hay rumores de consumo de drogas en los más altos círculos oficiales. ¿Cuánto era cierto y cuánto fueron acusaciones falsas? Personalmente, tengo el más alto concepto del último Presidente constitucional de Cuba, pero lo cierto es que en esos momentos se va creando una imagen de creciente deterioro moral.

Algunos han señalado que el gobierno de Prío fue débil a la hora de exterminar a los pandilleros. ¿Se trataba de una falta de carácter de parte del Presidente, o de las impotencias intrínsecas de las democracias cuando sus ciudadanos no cumplen con el pacto social que la misma supone? ¿Había Prío hecho compromisos para llegar a la Presidencia o había fuerzas en su propio gobierno que no le respondían? Opino que el Presidente quería respetar las leyes y hacerlas respetar, y que no siempre logró lo segundo. Continuaron las bombas, los atentados, los asesinatos políticos. El Presidente crea el Grupo Represivo de Actividades Subversivas (GRAS), va a Columbia cuando hace falta, destituye al Jefe del Estado Mayor y asciende a hombres de su confianza, ordena investigaciones y arrestos cada vez que se produce un acto de violencia. Se ocupan numerosas armas. Pero no consigue controlar la situación. Por ejemplo, uno de los pandilleros famosos de la época, Policarpo Soler, es arrestado de continuo y más de una vez se escapa de la prisión con facilidad sospechosa. El asesinato del ex ministro y ex senador Alejo Cossío del Pino causó gran impacto.

Mientras, ¿qué sucede en el plano político? Batista regresa a Cuba y funda el Partido Acción Unitaria (PAU). Prío indulta a Eduardo Chibás, que ha sido condenado a seis meses de prisión por lanzar falsas acusaciones contra varios magistrados del Tribunal Supremo. La política ha tomado una nueva modalidad con Chibás. Los micrófonos son ahora el foro público. A ello hay que añadirle la creciente comercialización de los medios, que daba pie al sensacionalismo de la prensa –Bohemia es el mejor ejemplo– y la divulgación de cuánto escándalo fuera posible. El líder ortodoxo se ha convertido en un índice acusador sobre la cabeza de las figuras públicas. Aunque en parte Chibás se valía de la situación para promover sus aspiraciones políticas, estaba convencido de la necesidad de adecentar la vida pública. No es el único. José Pardo Llada –que después ha comprendido sus errores de entonces– alcanza tanta popularidad con sus trasmisiones radiales como Chibás. Es difícil de medir el efecto nocivo de tantas acusaciones, donde se mezclaban las medias verdades con las calumnias.

¿Qué papel jugaron los comunistas en esta etapa? Con Prío habían tenido ya problemas, así que se refugiaron entre los ortodoxos para crear mayores diferencias entre los dos partidos. En 1950, el Presidente, que detestaba exceder su autoridad, se vio forzado a clausurar el periódico *Hoy*. Miembros del Partido Socialista Popular fueron arrestados en Santiago y en La Habana por incitar al desorden.

Algunos analistas consideran que Prío cometió un error político durante las elecciones parciales de 1950, con la candidatura de su hermano Antonio para alcalde de La Habana. Antonio, pese a su simpatía personal, no tiene una base política. El Presidente y el sagaz Guillermo Alonso Pujol, su vice, han tenido roces y se quiebra la alianza entre los auténticos y los republicanos. Chibás, Castellanos y Pardo logran apoyos subterráneos y derrotan al gobierno. El primero es electo senador, el segundo alcalde y el tercero representante, con una abrumadora votación. Nada hace el Presidente para favorecer a su hermano. Respeta las urnas. Pero la división de los auténticos lo alarma. Grau ha creado el Partido de la Cubanidad, con Miguel Suárez; Castellanos el Nacional Cubano con Alonso Pujol. A su vez, firman un pacto con Batista. Es posible que apoyen la candidatura del general para la presidencia en 1952.

El Presidente comprende el peligro que se avecina, pero siempre actúa dentro del marco de la ley. Clausura las horas radiales más escandalosas y dicta un decreto que autoriza el derecho a Réplica. Curiosamente, se le conoce como «la ley mordaza». Cuando Masferrer va a utilizar tal derecho, se produce una manifestación ortodoxa que termina con la intervención de la policía, muertos y heridos. La ortodoxia gana popularidad.

En medio de este clima, Chibás acusa a Aureliano Sánchez Arango de malversar fondos del ministerio de Educación. Sánchez Arango lo reta a presentar las pruebas. A Chibás se las habían prometido, pero él no las tiene. No existían. Y no era ya posible evadir las burlas alrededor de su famosa «maleta». El 5 de agosto, al terminar su programa radial, cuando creía que aún estaban abiertos los micrófonos, se pegó un tiro, gritando dramáticamente que se trataba de su último aldabonazo, y que con su sacrificio probaba las acusaciones. En mi opinión, era todo lo contrario. Se comprobaba que las acusaciones eran infundadas. Chibás murió el 16 de agosto, y el 17 su sepelio constituyó una de las manifestaciones de duelo mayores que se había producido en el país. El pueblo quedó sumido en una gran confusión.

Las falsedades no terminaron ahí. Se habló de un testamento político de Chibás, del que se valieron algunos en el partido para proclamar la candidatura presidencial de Roberto Agramonte, un inteligente y aburrido profesor de sociología. La nominación le correspondía a Emilio Ochoa, uno de los fundadores del partido, pero el caballeroso «Millo» prefirió no crear divisiones en el partido e incluso aceptó aspirar a la vicepresidencia. El 6 de marzo de 1952, en un acto en el Teatro Nacional, los ortodoxos lanzaban el ticket Agramonte-Ochoa. El día 9, una formidable coalición de auténticos, liberales, demócratas y nacionales, postulaban a Carlos Hevia y Luis Casero. El primero había participado en la Revolución del 33, ocupado el cargo de Ministro de Agricultura y la Presidencia por apenas dos días. Casero, ex alcalde de Santiago de Cuba, era un político de reconocida integridad. A pesar de la violencia gansteril y de las rupturas y alianzas políticas, el clima electoral imperaba. Nada había preparado el pueblo cubano para lo que vendría después.

XXXVI

EL 10 DE MARZO

El 10 de marzo de 1952, un día después del lanzamiento de la candidatura Hevia-Casero, el General Fulgencio Batista y Zaldívar dio un golpe de estado efectivo, rápido, sin sangre. A menudo se ha acusado a Carlos Prío de haber sido débil y no haber intentado frenar el golpe. Incluso afirman que ha quedado documentado que el Presidente cordial recibió más de una advertencia sobre las actividades conspirativas de Batista. Versiones de sus allegados, sin embargo, aseguran que el Presidente intentó obtener el apoyo de jefes militares en diversas provincias, no lo logró y prefirió evitar un posible derramamiento de sangre.

¿Las causas del cuartelazo? Así lo explicaba Francisco Ichaso en las páginas de Bohemia a un año de los hechos: «Dos grandes núcleos se disponían a contender ante las urnas. Uno contaba con una poderosa maquinaria electoral y con los recursos del gobierno. El otro tenia la emoción de las masas, una emoción robustecida por el dramático suicidio de un líder extraordinario –se refería, naturalmente, a Eduardo Chibás– que había hecho de la prédica mordaz un efectivo resorte de enardecimiento colectivo. Batista, en el medio de ambos núcleos, combatido por uno y otro flanco (...), tomó el camino que ya había transitado en otros tiempos, el de Columbia».

Se repite a menudo que el pueblo cubano asumió una actitud resignada ante el golpe del 10 de marzo, pero la prensa de la época ofrece otra visión. Un mes después del *coup*, Rubén Darío Rumbaut –uno de los dirigentes de la Juventud de Acción Católica– expresaba en la prensa habanera que su primera reacción había sido de indignación incontenible. (Rumbaut fue pocos años más tarde uno de los fundadores del movimiento humanista, inspirado en las ideas de Jacques Maritain.) Pocos días antes, Ichaso había escrito que «Las grandes sorpresas lo dejan a uno como atónito y no hay nada que se parezca tanto a la indiferencia como la estupefacción. La verdad es que no estábamos preparados para lo que ocurrió. Lo que había en el país era un ambiente preelectoral, lleno de violencias verbales, pero exento de violencia física. No vale argüir como refutación la actividad de los pistoleros. Esta actividad estaba conectada con ciertas zonas políticas pero en nada influía sobre lo electoral».

En el mismo número de Bohemia del 23 de marzo de 1952, aparece un manifiesto de la Federación Estudiantil Universitaria combatiendo el golpe militar por haber derribado «la estructura democrática establecida en la constitución que se diera el pueblo en 1940 por propia determinación consagrada en las urnas». Los estudiantes de la Universidad de La Habana no estaban solos en su defensa de la Constitución. También los de la Universidad de Oriente protestaron Y protestaron los legisladores, encabezados por el Dr. Manuel A. De Varona Loredo, quien presidía el senado de la República. Los Ortodoxos condenaron igualmente el cuartelazo. El «Semanario Católico» publicó un fuerte editorial.

Esta postura no fue unánime. Hubo quien corrió a Palacio en busca de la buena sombra que cobija al que se arrima al árbol del poder. Siempre existen los oportunistas, las ventajistas, los sumisos. Es más, la mayoría de los partidos políticos tradicionales al igual que la dirección de la Confederación de Trabajadores de Cuba (CTC), que hasta entonces había mantenido estrechos vínculos con el Partido Autentico, se plegaron al golpe y pactaron con Batista. Otros muchos –y algunos caricaturistas así lo mostraron irónicamente en esos días– se mantuvieron en la cerca, en cautelosa espera de cómo pudieran desarrollarse los hechos.

A lo largo de los siete años en que Fulgencio Batista ocupó la silla presidencial, enfrentó constantemente dos fuertes corrientes oposicionistas: la que buscaba un acuerdo de paz, una salida pacífica, una consulta electoral y la que intentaba alcanzar el poder a través de actos de violencia.

Desde los inicios el gobierno marzista (no marxista, sino con z, de marzo, como solía llamársele entonces) tomó rápidas medidas para consolidarse en el poder. Líderes de la oposición fueron arrestados, acusados de conspirar y amenazados, antes de ser puestos en libertad. Sin duda el propósito era asustarlos. Inmediatamente el General Batista proclamó los famosos Estatutos, a través de los cuales intentaba legitimar su Presidencia. Se otorgaba, además, el derecho a suspender las garantías por períodos de hasta 45 días. En un triste Viernes de Dolores muchos los firmaron. Siempre hubo honrosas excepciones, como la de ocho concejales de La Habana.

Pronto los estudiantes se pusieron a la cabeza de manifestaciones y protestas. Una de singular impacto fue la jura de la Constitución de 1940 en la colina universitaria la noche del 20 de mayo de 1952, al celebrarse el cincuentenario de la República. La prensa de la época calculó la asistencia de una multitud entusiasta de unos 20,000 cubanos, lo cual contrastó con la fría recepción que había tenido esa mañana el tradicional desfile de tropas frente al Capitolio Nacional, esta vez ante la mirada vigilante del General Fulgencio Batista.

En el transcurso del año 1952 se van perfilando las posturas. Crecía en la sociedad cubana una vasta pero difusa inconformidad. La prensa reclamaba un acuerdo mínimo entre el régimen y la oposición para devolver al país a su ritmo constitucional, pero ni el gobierno mostraba interés ni la oposición ofrecía un frente común, sino perdía fuerzas en divisiones internas. El primer mes de 1953 trajo nuevas manifestaciones estudiantiles. Esta vez se produjo una confrontación con las fuerzas públicas. Uno de los estudiantes, Rubén Batista (sin ningún parentesco con Fulgencio) fue herido y murió poco después. El pueblo de Cuba, una vez más, tenía ya el primer mártir en la lucha contra el régimen.

XXXVII

«LOS CAMINOS DE MI CUBA...».

A medida que la oposición al régimen de Batista crecía, el gobierno cerraba filas con la fundación del Partido de Acción Progresista (PAP), y ofrecía elecciones para noviembre de 1953. Las condiciones, sin embargo, eran cuestionables. Entre otras cosas, se prohibían declaraciones sediciosas contra el gobierno. La oferta cayó en los oídos sordos de la oposición, con algunas excepciones, como la de Jorge Mañach y Carlos Márquez Sterling que abogaron por una coalición política.

Pronto los acontecimientos llevarían al país por otros rumbos. El Movimiento Nacional Revolucionario, encabezado por el Profesor Rafael García Bárcena, organización principalmente de estudiantes y jóvenes profesionales, había alcanzado cierto momentum. El 5 de abril de 1953, Domingo de Pascuas, García Bárcena y otros miembros del MNR son descubiertos pocas horas antes de llevar a cabo un plan para tomar el campamento de Columbia. Los conspiradores son arrestados y llevados a juicio.

La oposición se recrudece. Tras nuevas manifestaciones estudiantiles, golpizas y estudiantes baleados, el 14 de abril cerraron la universidad, no sin ante arrestar a 175 estudiantes, incluyendo a 32 muchachas. Al abrirse de nuevo, los estudiantes se declararon en huelga. Pelayo Cuervo publicó un violento ataque a Batista en el que advertía que la única forma de derrotarlo era con las armas. Denunciaba asimismo la corrupción gubernamental. Fue detenido. Los auténticos y ortodoxos comenzaron a unirse. Firmaron un pacto en Montreal.

Un miembro del partido Ortodoxo tenía planes muy diferentes. El 26 de julio se produjo el ataque al Cuartel Carlos Manuel de Céspedes en Bayamo y al Moncada en Santiago por Fidel Castro y sus seguidores. Aunque la universidad es un hervidero de grupos conspirativos, el proyecto no se nutre principalmente de estudiantes sino de muchos militantes ortodoxos de fila, principalmente gente humilde. No nos extenderemos en detalles del ataque, puesto que los hechos son ampliamente conocidos. Naturalmente, existen distintas versiones. También las hay sobre los eventos inmediatamente después. Pero la reacción violenta del ejército –con el conocimiento de Batista o sin él– es un hecho cierto. Hubo torturas, asesinato de prisioneros y jóvenes arrastrados por las calles de Bayamo. El Arzobispo de Santiago de Cuba, Enrique Pérez Serantes, sirvió de mediador para que los fugitivos se entregasen –entre ellos Fidel Castro Ruz– a cambio de que se respetaran sus vidas.

En octubre, Castro es llevado a juicio y pronuncia su famoso discurso «La historia me absolverá» en que denuncia la represión gubernamental y defiende la pureza revolucionaria. También hace un alegato a favor de la justicia social, y pinta un cuadro desolador de la situación del país, exagerado tal vez, pero no exento de verdades. El ataque al Moncada da a Fidel Castro relevancia nacional, lo convierte a los ojos de algunos sectores en un héroe, e inclina la balanza oposicionista más cerca de las balas que de los votos. No en balde, ese mismo mes, Batista lanza una convocatoria a elecciones generales para noviembre de 1954. Poco después declara ilegal el Partido Socialista Popular (Comunista) y se ocupan los talleres de sus principales periódicos, *Hoy* y *Última Hora*. Batista, que durante su anterior período había mantenido excelentes relaciones con los comunistas, no los persigue. La clausura de los órganos de prensa, pues, parecía más dirigida a complacer a Arthur Gardner, el nuevo embajador americano –recordemos que estamos en plena Guerra Fría–, que a ninguna sospecha de que significaran un peligro para el país.

El 7 de enero de 1954, Ramón Grau San Martín sorprende al anunciar su candidatura presidencial para las elecciones de noviembre de ese año. Los comunistas lo apoyan. Ambos coinciden en que votar por Grau representaría un voto de protesta contra Batista.

El 20 de mayo el gobierno declara una amnistía para todos los presos políticos, menos los que habían intervenido en el ataque al Moncada. En vísperas de la acción norteamericana para derrotar en Guatemala el gobierno del Coronel Jacobo Arbenz, se adoptan nuevas medidas anticomunistas, como la creación del Buró de Represión a las Actividades Comunistas (BRAC). En Junio comienza a circular un folleto con el discurso de Castro «La historia me absolverá», publicado con la ayuda de su entonces íntimo amigo Luis Conte Agüero. En Octubre, un mitin de Grau en Santiago de Cuba es interrumpido por vivas a Fidel. El gobierno le niega al líder auténtico la representación igualitaria de su partido en los colegios electorales. El antiguo protagonista de la jornada gloriosa pide que se pospongan los comicios. Ante una nueva negativa, anuncia que va al retraimiento, convencido de que estaba condenado de antemano a perder. El 1 de noviembre de 1954, sin ningún candidato de oposición, Fulgencio Batista es electo Presidente de Cuba, con una votación de menos del 50%, pese a que el voto era obligatorio. Aunque se ha retirado de la contienda, Grau recibe uno de cada seis votos, y los auténticos ganan 18 de las 54 senadurías y 16 de los 114 asientos en la Cámara de Representantes. Cabe preguntarse que hubiera sucedido si Grau no hubiera ido al retraimiento.

Por esos años, en la Bodeguita del Medio, refugio de artistas y bohemios, un cantante mulato, Carlos Puebla, entonaba una balada cuya letra resultó profética:

> Los caminos de mi Cuba
> Nunca van a donde deben...

XXXVIII

NUEVOS INTENTOS DE MEDIACIÓN

En 1955 no son pocos los que intentan enderezar los torcidos rumbos que había tomado la República. En febrero un grupo de la Juventud de Acción Católica funda el «Movimiento de Liberación Radical» con Amalio Fiallo a la cabeza. Jorge Mañach organiza el «Movimiento de la Nación». Batista anuncia una amnistía a los presos del Moncada, y el 16 de Mayo, Fidel Castro, su hermano Raúl y demás compañeros salen de la cárcel en Isla de Pinos. Reuniones de Castro y sus amigos con grupos políticos y estudiantiles fracasan. La prensa de la época da indicios de que el clima no le era favorable a Castro. Así lo considera también el historiador Hugh Thomas: «Habiéndoselo jugado todo a la política de la acción, y, si fuera necesario, de la violencia, la amnistía en sí y el espíritu de compromiso que había creado, lo perjudicaba. Había un sentimiento ampliamente compartido por los Ortodoxos y por profesionales de la clase media de Cuba que las negociaciones con Batista eran posibles y la única forma viable de salir adelante». Castro se marcha a México donde lo espera su hermano Raúl. Antes, se reúne con sus amigos y seguidores, y crea formalmente el Movimiento 26 de Julio. Ya ha roto definitivamente con la Ortodoxia y la política tradicional. Algunos historiadores aducen que no se marchó al exilio antes de ofrecer pruebas de que la dictadura no le dejaba espacio para la acción legal, y dan como ejemplo la clausura del periódico *La Calle*, donde comienza a publicar, y la prohibición de actos donde figura como orador.

El clima electoral y reformista va avanzando. La Sociedad de Amigos de la República (SAR), encabezada por Don Cosme de la Torriente, que, con sus 83 años, tenía un largo historial en la vida política del país, y con el abogado Dr. José Miró Cardona como su mano derecha, intenta persuadir a Batista para que convoque a nuevas elecciones generales en el plazo más breve posible. El régimen se niega y responde con el Plan de Vento y la oferta de unas elecciones parciales. (En medio de estas negociaciones, el 11 de agosto, con garantías del gobierno, Carlos Prío, el presidente depuesto, regresa a Cuba.) Batista se niega a recibir a Don Cosme, aduciendo que no ostenta ninguna representación para hacer tales demandas. El viejo político convoca a un mitin en el Muelle de Luz el 19 de noviembre. Prácticamente toda la oposición, menos los miembros de la FEU, los comunistas y los castristas, dice presente. La multitud llenaba las calles desde la Alameda de Paula hasta el edificio de la Aduana. Los oradores se sucedían en la tribuna ante un pueblo entusiasta. Pero el acto es interrumpido por pedradas, silletazos y gritos de ¡Revolución! ¡Revolución! ¡Mueran los americanos! ¡Abajo el imperialismo yanqui! Don Cosme, según Carlos Márquez Sterling, «tembloroso, se aproxima a la tribuna, y con voz que apenas se oye en la plazoleta, pero que se escucha en toda la isla a través del micrófono, exclama: —¡Insensatos, nos morimos de hambre! (Sus palabras sin duda, resultaron proféticas). Fue uno de los momentos culminantes de la oposición pacífica.

Pero nada sucedió. Batista, cómodamente instalado en Palacio, comentó a los periodistas que esas reuniones eran buenas para el país. Pero de elecciones generales nada hasta el 58. El mitin, sin embargo, saca de sus casillas a Fidel Castro que pronuncia un discurso en Miami ridiculizando a Don Cosme y con los peores insultos para los que recomiendan una solución pacífica. De ahora en adelante, la vía electoral va a tropezar con la férrea y hasta violenta oposición de Castro y sus seguidores.

En diciembre, deseosos de ampliar su esfera de influencia más allá del ámbito estudiantil, un grupo de jóvenes, muchos de ellos dirigentes de la Federación Estudiantil Universitaria (FEU), funda el Directorio Revolucionario, presidido por José Antonio Echeverria.

Los problemas del país no eran sólo políticos, como veremos más adelante. Por estas fechas, los obreros azucareros amenazaban irse a la huelga y paralizar la zafra, a causa de que se hablaba de retirarles el bono que esperaban para las Navidades. Batista finalmente falló a favor de los obreros y usó la oportunidad para intentar que el control de los sindicatos cayera en manos más amigas. Se produjeron huelgas de hambre. Finalmente, intervino el Cardenal Arteaga y la crisis quedó sofocada.

    La huelga había sido una buena excusa para que Batista le diera largas a Cosme de la Torriente que había solicitado verlo. Por fin se reunieron el 29 de diciembre. Batista acepta que comiencen en 1956 una seria de conversaciones entre representantes del gobierno y de la oposición.

    Con la llegada del nuevo año se intensifica la violencia. Choques de los estudiantes con la policía. Bombas. Cadáveres. Casi todas las semanas las páginas de Bohemia alternan fotos de heridos y muertos con llamados a la paz por respetados intelectuales, periodistas y políticos. Como resultado de las conversaciones de Batista y Don Cosme, tras muchas dificultades, el 5 de marzo comienza el Diálogo Cívico con el objetivo de alcanzar un acuerdo mínimo entre la oposición y el gobierno para regresar al país a la normalidad política. La primera insistía en una convocatoria a elecciones inmediatas, mientras que el segundo plantea una Asamblea Constituyente que busque una fórmula para resolver la crisis. No se pusieron de acuerdo. Es necesaria una salvedad. Carlos Márquez Sterling, ex Presidente de la Asamblea Constituyente de 1940, había planteado un recurso de inconstitucionalidad ante el Tribunal Supremo. Si el recurso hubiera prosperado, el Tribunal podría haber ordenado elecciones generales o parciales. Pero los abstencionistas dominaban la SAR y no lo apoyan, al punto que lo excluyeron del organismo y del Diálogo Cívico.

    En una comparecencia televisada el 11 de marzo, Batista, al igual que meses anteriores había hecho Castro en su discurso en Miami, ridiculiza las demandas del SAR, y al día siguiente Don Cosme da por terminado el Diálogo Cívico. Antes de que terminara el año, el 8 de diciembre, moría Don Cosme.

XXXIX

EL IMPERIO DE LA VIOLENCIA

La oposición política a Batista no contaba con recursos para obligarlo a llevar a cabo elecciones libres y justa. La indignación moral, la desconfianza de que el régimen fuese capaz de realizar elecciones limpias, pero también la intransigencia y la falta de visión para aceptar los compromisos que forman parte de la política, hace que se rechace la oferta de elecciones parciales que el gobierno ofrece a principios de 1956. Al fracasar el Diálogo Cívico, se desatan nuevas conspiraciones. Una dirigida por el pandillero Policarpo Soler con apoyo del dictador dominicano Rafael L. Trujillo; otra encabezada por los coroneles Ramón Barquín López y Manuel Varela Castro, con el apoyo de los comandantes Enrique Borbonet y José Orihuela. Ambas son sofocadas y provocan nuevos arrestos.

En México, ese verano, la policía mexicana detiene a Fidel Castro, Ernesto Guevara y el español Alberto Bayo y los acusa de preparar una invasión a un país extranjero. Desde la prisión Castro niega las acusaciones en su contra de que es comunista. Un mes después es puesto en libertad, por gestiones de Lázaro Cárdenas, ex presidente de México, y viaja a Estados Unidos –algunos libros aseguran que cruza a nado el Río Grande– para entrevistarse con Carlos Prío, que ha regresado a Miami. Prío se compromete a ayudar financieramente las operaciones militares. El Movimiento 26 de Julio y el Directorio Revolucionario firman «El Pacto de México». Una vez más se descarta cualquier colaboración con los comunistas así como con los trujillistas.

En Cuba la violencia no daba tregua. El 28 de octubre el Teniente Coronel Antonio Blanco Rico, Jefe de la Inteligencia Militar, es ultimado en el Cabaret Montmartre en el Vedado. (Coincide con reunión de la SIP en La Habana, sin duda para impresionar a periodistas extranjeros.) Al día siguiente el general Rafael Salas Cañizares y el Coronel Orlando Piedra asaltan la Embajada de Haití donde se rumora han encontrado asilo los culpables. Salas Cañizares resulta herido y finalmente muere. La violación de la sede diplomática causa indignación.

    Los ataques no son sólo contra el gobierno. También contra los electoralistas. Los revolucionarios irrumpen violentamente en la casa del Dr. Manuel Dorta Duque cuando se está celebrando una reunión del Consejo Director Ortodoxo. Hacen lo mismo en una junta convocada por Millo Ochoa. Carlos Márquez Sterling es víctima de varios atentados contra su vida, de los que, milagrosamente, sale ileso.

    Ya en noviembre hay rumores de que Fidel Castro está a punto de desembarcar en Cuba. La policía mexicana descubre armas del 26 de Julio y le ordena a Castro que salga del país. En la madrugada del 24 al 25 de noviembre el yate Granma, con 82 hombres a bordo, sale de México rumbo a Cuba. El día 30, alzamiento lidereado por Frank País en Santiago de Cuba, con el propósito de apoyar el desembarco. El Granma llega a costas cubanas. El grupo armado se dirige a la Sierra Maestra en las cercanías del Central Niquero. Chocan con las fuerzas de Batista y son reducidos a menos de una veintena. Logran reagruparse y deciden continuar la lucha. En los días navideños numerosas bombas y petardos estallan en diversos puntos del país. La policía política y el ejército responden con una violenta ola represiva. Cuba estaba en guerra.

    Los hechos se suscitan con rapidez en 1957. El 2 de enero se descubre en Santiago de Cuba los cuerpos de cuatro jóvenes, entre ellos William Soler de catorce años. Quinientas madres enlutadas, incluyendo la de Soler, recorren las calles de Santiago. Batista, sin embargo, declara, que con excepción de algunas bombitas, en el país reina la paz. Con todo, suspende las garantías. En realidad, se rumora que Castro ha muerto. Para comprobar lo contrario, Castro y los suyos atacan el cuartel de la Guardia Rural La Plata. Hacen gestiones para alcanzar publicidad. Lo logran. En Febrero Herbert Matthews entrevista a Fidel Castro para *The New York Times*. Le dedica una serie de tres artículos en los cuales lo describe como el Robin Hood de las

Américas, un joven y valiente líder que lucha en defensa los pobres y oprimidos. Castro cobra estatura internacional.

A pesar de discrepancias entre sus miembros sobre el uso de la violencia, el Directorio Revolucionario (DR) había estado al frente de la mayoría de actos de sabotaje en las zonas urbanas. Quisieron ahora darle un golpe mortal al régimen. El 13 de marzo atacaron el Palacio Presidencial con la intención de asesinar a Fulgencio Batista. Fracasaron. Tampoco aquí me extenderé en detalles. Recordemos, sin embargo, que murieron cinco miembros de la guardia del palacio y treinta y cinco rebeldes, entre ellos, el ex representante y líder obrero Menelao Mora y José Antonio Echeverría, Presidente de la FEU, y principal dirigente del DR, que tras declarar por Radio Reloj que Batista había sido ultimado, fue baleado en la calle. Esa noche la policía de Batista hizo una redada de estudiantes, opositores, todo el que pudiera sospecharse estuviera involucrado. A Carlos Márquez Sterling lo fueron a buscar a su casa, pero se negó a que la policía se lo llevara sin una orden de arresto, y no lo forzaron. Pelayo Cuervo no corrió la misma suerte. A la mañana siguiente amanecía asesinado a orillas del Laguito, en el Country Club. En la tierra más fermosa, cuyos habitantes impresionaron a Cristóbal Colón por su mansedumbre, la violencia imperaba.

XL

«AQUÍ, RADIO REBELDE...».

Se ha especulado que el Directorio Revolucionario llevó a cabo el ataque al Palacio Presidencial el 13 de marzo de 1957 para evitar el triunfo del 26 de Julio. Su fracaso, sin embargo, tuvo un efecto contrario. Ya fuera porque el posible tiranicidio y el peligro corrido por la esposa e hijos del jefe de gobierno horrorizaron a algunos; ya fuera por temor a la reacción del régimen, o por la extendida práctica de la guataquería criolla, sectores del mundo de los negocios, de la clase alta y de ciertos intereses comerciales extranjeros, ofrecieron su solidaridad y condolencias a Batista y su familia. Es más, líderes comunistas, miembros de la CTC, Veteranos de la Guerra de Independencia, cafeteros, ganaderos, banqueros, hasta pescadores, visitaron Palacio y condenaron el ataque. Con este nuevo apoyo, quizás el régimen, enfurecido y asustado por la intrepidez de sus opositores, recrudeció la represión, lo cual a su vez repercutió en un mayor apoyo a los revolucionarios.

Un mes después, el capitán Esteban Ventura y sus hombres matan a sangre fría a un grupo de implicados en el asalto, que se escondían en una vivienda de la calle Humboldt: Fructuoso Rodríguez, José Machado (Machadito) y Juan Pedro Carbó Serviá. Asesinan también a Joe Westbrook, quien a pesar de no haber participado en el ataque a Palacio, era miembro activo del Directorio, y se encontraba oculto en la casa. (Se culpó a Marcos Armando Rodríguez (Marquitos) de haberlos delatados, pero nunca se probó, y hombres de la integridad del poeta Jorge Valls han sostenido su inocencia.) Una gran multitud caminó al Cementerio de Colón para el entierro de los cuatro muchachos, todos Católicos. No hubo, sin embargo, protestas enérgicas de la oposición o la sociedad civil por haber sido ultimados sin juicio previo. Sin duda, había miedo en la calles. Quizás estos nuevos asesinatos, unidos al de Pelayo Cuervo, hicieron comprender a los cubanos que la Constitución de 1940, convertida en banderín de lucha a partir del golpe del 10 de marzo, ya no protegía a nadie.

La ofensiva revolucionaria aumenta. Calixto Sánchez, dirigente obrero, desembarca en el yate Corintia cerca de Mayarí, Oriente y muere en combate con las fuerzas del gobierno. Estalla una bomba en el Central Andorra, en Pinar del Río. La policía arresta en Santiago a una niña de ocho años que intentaba colocar otro artefacto explosivo. Frank País, coordinador del Movimiento 26 de Julio en Oriente, muere asesinado por órdenes de un coronel de la policía. El embajador americano Arthur Gardner renuncia, y lo substituye Earl T. Smith, quien en un viaje a Santiago con su señora es recibido por un grupo de mujeres enlutadas que claman «Libertad. Libertad». El Embajador critica la violencia con que la policía disuelve la manifestación «a manguerazos». Multitudes acuden al entierro de Frank País. Hay huelgas a lo largo de la isla. Las escaramuzas continúan en diversos puntos del territorio nacional.

El 5 de septiembre de ese agitado 1957 las fuerzas de la Marina de Guerra cubana del distrito sur, con base en Cienfuegos, se rebelan contra Batista y ocupan la ciudad por un día. El gobierno recupera la base y la mayoría de los alzados son asesinados. Otros son juzgados por consejos de guerra y condenados. Para sofocar el alzamiento, se usan armas y aviones estadounidenses, en violación de lo convenido entre los gobiernos de Cuba y Estados Unidos.

En el año 1958 la guerra tendrá nuevos frentes. Un grupo de expedicionarios del Directorio Revolucionario desembarca cerca de Nuevitas (Camagüey) y se interna en la Sierra del Escambray. Comienzan las trasmisiones de Radio Rebelde. La voz de la actriz Violeta Casals se escuchaba a lo largo y ancho de la isla: «Aquí, Radio Rebelde, trasmitiendo desde la Sierra Maestra, territorio libre de Cuba».

En febrero, el movimiento 26 de Julio asesta un golpe efectista con el secuestro del corredor de automóviles argentino, Juan Manuel Fangio. Se suspenden las garantías una vez más. El Episcopado cubano le pide a Batista un gobierno de unidad nacional para lo que crea una Comisión de Armonía. Se dirigen a Castro para que deponga las armas, a lo cual el jefe revolucionario responde acusando a los miembros de la comisión de batistianos. Se convoca a una huelga general el 9 de abril. No fracasa del todo, pero tampoco recibe un apoyo apreciable, lo cual inclina definitivamente la balanza a favor de la guerra y no de la insurrección urbana. El gobierno americano notifica a Batista que suspenderá el envío de armas. El ejército lanza la llamada «Operación de Verano». La historiografía cubana actual asegura que fue una ofensiva de 10,000 hombres contra la Sierra Maestra, la mayor operación militar de la historia cubana desde las guerras de independencia. Sin duda se producen numerosos combates con el Ejército Rebelde y el Frente del Escambray. Las fuerzas de Batista sufren derrotas y los rebeldes van ganando terreno. En octubre, el Che Guevara y Camilo Cienfuegos avanzan de la Sierra a las Villas y se unen al Frente del Escambray. Establecen su cuartel general en el Monte del Obispo. También en las ciudades se intensifica el sabotaje, incluso en el mismo aeropuerto de La Habana. En el mes de diciembre, aumenta el control de Castro en la provincia de Oriente. El país estaba en guerra.

XLI

CONTRA LAS BOTAS: ¿BALAS O VOTOS?

A pesar de la violencia que imperaba en Cuba a finales de la década de los 50, algunos electoralistas no se rinden. Ya una gestión de la Comisión Interparlamentaria, iniciada a mediados de 1957 por el presidente del Congreso, Anselmo Alliegro, ha fracasado. A principios de agosto de ese año, Carlos Márquez Sterling decide fundar el Partido del Pueblo Libre (PPL). El clima es hostil, pero el Ex Presidente de la Constituyente de 1940 está convencido de la necesidad de una salida política a la crisis que vive el país. Recorre la isla recabando apoyo de elementos que proceden de los ortodoxos y los republicanos de Alonso Pujol. Se entrevista con Jorge García Montes, Primer Ministro. Le asegura que el PPL no será una organización conspirativa. García Montes se compromete a que el gobierno dará garantías para el desenvolvimiento de la campaña política y respetará las urnas. Márquez Sterling aboga públicamente porque se restablezca el voto directo y libre, de acuerdo con el código electoral de 1943, y que todos los partidos tengan representación en las mesas de los colegios electorales. Ramón Grau San Martín, al frente del partido Revolucionario Cubano Auténtico, y otros partidos pequeños se disponen igualmente a concurrir a las elecciones. Liberación Radical, dirigido por Amalio Fiallo, José Ignacio Rasco y Manuel Artime, resuelven apoyar al Partido del Pueblo Libre y «la tesis de una solución pacífica a la querella cubana». Pero se trata de las excepciones. En agosto de 1958 se produce el Pacto de Caracas, que agrupa un amplio arco de organizaciones revolucionarias y políticas, donde la unidad de mayoría de las fuerzas opositoras reconoce el liderazgo de Fidel Castro.

Márquez Sterling ofrece, de ser electo, una amnistía general y elecciones generales en dos años. Advierte del peligro que representa la violencia que sufre el país. Clama por los votos, no las botas ni las balas. En septiembre Fidel Castro promulga «Las leyes de la Sierra Maestra», entre ellas la Ley # 2 que castiga la participación en el proceso electoral. En efecto, un candidato del Partido del Pueblo Libre es asesinado.

En medio de este clima y de la violencia que atemorizaba a un país en guerra, el 3 de noviembre de 1958 se llevan a cabo elecciones generales. Ramón Grau San Martín, una vez más, declara su retraimiento apenas unos días antes. Vale recordar que en Cuba el voto era obligatorio y que los empleados públicos –desde maestros hasta peones de Obras Públicas– temían en muchas ocasiones quedar cesantes si no cumplían con este requisito. Sin embargo, sólo un 30 % acudió a votar. Era natural. Quizás más que las amenazas de los revolucionarios de ametrallar a los votantes que acudieran a las urnas, pesaron sobre el ánimo de los cubanos los constantes alegatos de que las elecciones no serían limpias. Además, el retraimiento de Grau y el apoyo de figuras de la arena política al proceso revolucionario a través del Pacto de Caracas, contribuían a desacreditar la fórmula electoral, en un país, además, que estaba más acostumbrado a los alzamientos armados que a los compromisos políticos. En Oriente y las Villas, prácticamente en guerra, la maquinaria gubernamental se anotó la victoria. En las otras provincias, el resultado siempre será una incógnita, pero debió preocupar tanto a Castro como a Batista, pues el primero ordenó que se quemaran las juntas municipales a donde se llevaba el resultado de los colegios electorales, y el segundo dispuso o permitió el cambio de boletas. (Viven aún testigos de esta «brava» electoral, que no ha quedado registrada en los libros de historia.) El gobierno proclamó la victoria de su candidato, el Dr. Andrés Rivero Agüero. La última posibilidad de una salida pacífica quedaba así anulada.

A partir del fracaso electoral, el movimiento revolucionario cobró un mayor impulso. Numerosos pueblos y ciudades fueron tomados por las fuerzas revolucionarias en Las Villas y Oriente. Las versiones sobre los tumultuosos eventos del mes de diciembre y los papeles que jugaron el General Eulogio Cantillo y el embajador Earl T. Smith difieren, pero quedan pocas dudas de que el último le pidió a Batista que se fuera del país. Y así, en la madrugada del 31 de diciembre de 1958 al 1ro de enero de 1959, Batista y sus seguidores más íntimos, se dirigieron al aeropuerto del campamento de Columbia. De allí, donde en dos ocasiones había entrado venciendo, huye ahora a Santo Domingo. Ya varios de sus hijos y demás familiares se encontraban fuera. Algunos aseguran que su fuga fue lo que hizo posible el triunfo decisivo de Fidel Castro y el Movimiento 26 de Julio. Otros invierten la fórmula y sostienen que la inevitable victoria revolucionaria, y no los consejos del embajador norteamericano, fueron los que llevaron a Fulgencio Batista a abandonar la isla. Los historiadores concuerdan, sin embargo, que el triunfo de la insurrección armada el 1ro de enero de 1959, marca el inicio de un período de la historia de Cuba, muy distinto al que había comenzado el 20 de mayo de 1902. ¿Había muerto la República?

XLII

ENTRE COLAS DE PATO Y BOMBAZOS

A menudo se escucha que en 1958 Cuba disfrutaba de uno de los mayores ingresos per capita de la América Latina. Éramos los primeros en muchos renglones, con más televisores (uno por cada 25 habitantes), más teléfonos, (uno por cada 38), más automóviles (uno por cada 40) y mas líneas de ferrocarril (una milla por cada 4 millas cuadradas) que ningún país latinoamericano. Y, sin duda, nuestra capital era la ciudad con más Colas de Patos (Cadillacs). En 1953, la tasa de analfabetismo –23.6%– era la cuarta más baja de Nuestra América. Teníamos razón, por igual, para estar orgullosos de que la tasa de mortalidad infantil era la más baja de la región. Sin embargo, nada de esto quiere decir que no hubiera serios problemas económicos y sociales. Así lo apuntaba una controvertida encuesta que llevó a cabo por esos años la Agrupación Católica Universitaria. Sin duda la diferencia entre las zonas urbanas y las rurales era abismal. En general, existía una enorme disparidad entre el desarrollo de La Habana y el del resto de la isla. El desempleo en el país alcanzó el 16%. Se creaban pocos puestos nuevos. Las propias conquistas sociales de los trabajadores frenaron la inversión en el sector industrial. El capital cubano era con frecuencia invertido en bonos a corto plazo en bancos extranjeros. Y el monocultivo, esa dependencia tan excesiva en el azúcar para las exportaciones –de alrededor de 75%–, nos exponía a serios peligros.

Abundan cifras que indican que Cuba en la década de los cincuenta era un país en desarrollo y que gozaba de uno de sus mejores momentos económicos. Es fácil comprobar el auge de construcción de que disfrutó La Habana en esas fechas, y el no menos asombroso desarrollo de la cultura, pese a la indiferencia gubernamental y de las clases altas. Aunque pintores que después cobrarían fama internacional se morían de hambre y nuestros mejores escritores tenían que autofinanciar la publicación de sus libros en muchas ocasiones, no dejaron de producir obras de altísima calidad. Al mismo tiempo, pese a las cifras económicas favorables, es lógico pensar que ese malestar difuso que invadía a la población no se derivaba sólo de la ilegitimidad del régimen de Batista sino de las dificultades de los cubanos para alcanzar una mayor movilidad social y económica. La población rural, los negros, las mujeres solas y los jóvenes que accedían cada año al mercado laboral, eran los sectores más afectados.

Naturalmente que hay aspectos más risueños de esta etapa. El jurista José Antonio Gonzalez Lanuza solía decir, con razón, que Cuba ere el país de los viceversas. Como nuestras hojas de yagruma, ofrecemos siempre dos caras. Y si recordamos por un momento La Habana de los años 50 sin duda la violencia política de que hemos hablado en artículos anteriores parecería un mero invento de la imaginación. Pensemos por un momento en las noches estrelladas de Tropicana, los buenos restaurantes; la inauguración de nuevos hoteles –el Hilton, el Riviera, el Capri–, de nuevos edificios, como el Focsa, y nuevos repartos, como La Habana del Este y Mulgoba, entre otros. Recordemos los apasionantes juegos de La Habana y Almendares; los geniales *sketches* del Gallego y el Negrito; los magníficos programas de televisión y radio –entre ellos la Universidad del Aire–; las temporadas de ópera con intérpretes de la talla de Renata Tebaldi; los conciertos de la Sinfónica; las mercancías que llenaban tiendas como El Encanto y Fin de Siglo; las meriendas en el Carmelo o en el Ten Cent; los juegos de dominó en clubes y casas privadas; las regatas de remo; los bailes de quince y de debutantes; los Carnavales por el Paseo del Prado; los estrenos de películas americanas en el Payret, Rodi, Trianón, el Cine Miramar; las conferencias en el Lyceum; las salitas de teatro; la amplia gama de periódicos; los movimientos literarios del alcance del grupo *Orígenes*; la chispa irónica de *Zigzag*. Revivamos los paseos por el Malecón, los pregones de los vendedores ambulantes; el tintineo de la campanilla del heladero; el auge del cha cha chá, los triunfos de artistas extranjeros –Pepe Biondi; Gabi, Fofó y Miliki; Pedrito Rico; Sarita Montiel; Pedro Vargas; Lucho Gatica– y propios, de Alicia Alonso a Olga Guillot. La Habana de los 50 era la de El

Tunel y la Engañadora. La de aquellos ómnibus blancos que el humor popular bautizó como «Las enfermeras». La del café de 3 centavos, el meneíto y el dulceamargo sabor de una cerveza fría. Ésta era la otra cara de la hoja de yagruma: La Habana sonriente, iluminada de sol de trópico, borracha de brisa, campechana y bailadora, sin prisas, con la frase cariñosa a flor de labio, el abrazo fraterno, el «Aquí no hay problemas. Todo se arregla entre cubanos» como lema de vida.

Pero al doblar de cada esquina, amenazaba la violencia, se quedaba sin brazo una joven en un baño de un cabaret, se baleaba a un estudiante universitario, se asesinaban a un opositor político. Al final, nada, aún, se ha arreglado entre cubanos. Queda en el aire, la gran incógnita, ¿por qué?

XLIII

EL PASADO PLUSCUAMPERFECTO

Hasta 1959 la República se encaminaba a trancas y barrancas, en medio de un manojo de contradicciones, alzas y bajas, vacas gordas y flacas, discriminación racial y ajiaco étnico. La misma República que se regía por valores patriarcales y elogios a los caudillos, produjo el movimiento feminista más importante de Nuestra América. Con todo, las mujeres no mandaban. La injerencia extranjera no anuló la virtud doméstica, que sin embargo, no siempre abundó. Ni el positivismo de los Varona invalidó la influencia de colegios como Belén, La Salle, los Hermanos Maristas y los Escolapios que educaron a varias generaciones de cubanos. Aunque también hubo muchos que asistieron a las escuelas públicas y otros tantos, especialmente en las zonas rurales, que no pasaron por las aulas. La violencia fue el signo de nuestra vida política. Las bombas, los sabotajes y los asesinatos –desde el de Enrique Villuendas al de Pelayo Cuervo, a casi medio siglo de distancia– eran formas comunes de oposición política o represión gubernamental. Junto a las fiebres revolucionarias, sin embargo, convivió siempre un honesto afán reformista.

    Los tiburones de turno se bañaban y salpicaban, pero no era cierto que hubiera dulces para todos, a pesar de algunas buenas zafras. Sin duda hubo políticos honrados, hombres y mujeres que sirvieron a Cuba desinteresadamente; también –aunque duela decirlo– la corrupción llegó a convertirse en un mal endémico. Nos dimos una Constitución avanzada, que resultó más una declaración de aspiraciones, una agenda de futuro, que una ley fundamental que pudiera aplicarse fielmente. A menudo se suspendían las garantías que brindaba a los ciudadanos.

    No creo como el ensayista Jorge Mañach que hubiera una crisis de la alta cultura. Por el contrario, un repaso de la nómina de nuestros intelectuales, pintores, músicos, actores, arquitectos, deportistas y un largo etcétera dan muestra de un talento descomunal para una pequeña isla. Brillaron los Capablanca y los Kid Chocolate, porque nuestra agilidad era mental y física. Los Sánchez de Fuentes y los Bola de Nieve. Los Lecuona y los Benny Moré. Las Amelia Peláez y los Carlos Enríquez. Los José Ignacio Rivero y los Sergio Carbó. Los José María Chacón y Calvo y los Fernando Ortiz. Los Juan Marinello y los Pablo de la Torriente Brau. Los Agustín Acosta y los Cintio Vitier. Los Nicolás Guillén y los Mariano Brull. Las Alicia Alonso y las Tongolele. Los Pedro Formental y los Orestes Miñoso. Las Elena Mederos y las Inés Segura Bustamante. Los Goar Mestre y los Jesús Menéndez. Los Guillermo Belt y los Emilio Núñez Portuondo. Los Nicolás Quintana y los David Cavarroca. Los Jorge Mañach y los Raúl Roa. Los Carlos Loveira y los José Lezama Lima. Raro es ver tanto talento en una isla pequeña, aunque tuviéramos (tenemos) ínfulas de continente. El pincel, la pluma, la música, los deportes, la diplomacia, la arquitectura sirvieron para trasmitir belleza, definir lo cubano y denunciar males sociales. Vivimos a la vanguardia.

Las costas cubanas fueron fronteras abiertas. No puede negarse la influencia de la Madre Patria, ni del vecino del norte, ni de la lejana África, ni de la Ciudad Luz –ese París donde rompió la corola de las Lydia Cabrera y los Wifredo Lam. También Cuba estaba abierta a que se insertara en ella el mundo. En nuestros escenarios bailaron las Ana Pavlova y las Isadora Duncan, cantaron los Titto Rufo y los Enrico Caruso, condujeron orquestas los Eric Klaybor y los Igor Marokich. Ofrecieron conciertos los Pablo Casals y los Claudio Arrau. Juan Ramón Jiménez y Rómulo Gallegos hallaron entre los cubanos calor de hogar durante sus respectivos exilios. Nos visitaron poetas: Pablo Neruda, Rafael Alberti, Gabriela Mistral, Andrés Eloy Blanco. Federico fue a Santiago en un coche de aguas negras. Recibimos a George Gerswhin y a Heitor Villa-Lobos. A Josephine Baker y a María Félix. A Maurice Chevalier y a Edith Piaf. Ernest Hemingway encontró un viejo y un mar para tejer su novela a golpes de daiquirí. Además, se acogían a los emigrantes, desde el polaco que vendía telas en la calle Muralla y el chino verdulero o lavandero, a la pequeña y próspera colonia judía que inauguró en la década de los cincuenta una moderna sinagoga en el corazón de El Vedado. En definitiva, fuimos una república de generales y doctores, pero también de muchos Juan Criollos y Cecilias Valdés. No éramos, en conclusión, un paradiso; tampoco una ciénaga.

    Si estudiamos otras naciones del continente, o de cualquier parte del mundo, en sus inicios, ¿puede decirse que nuestros problemas fueran mayores o distintos? ¿No refleja la historia de todos los pueblos la misma mezcla de aciertos y desaciertos, virtudes y defectos? ¿No es lógico, pues, que la República estuviera llena de claroscuros, con páginas negras y otras luminosas? Dadas las circunstancias y el contexto histórico-geográfico en que hay que juzgar la Cuba de la primera mitad del siglo XX, lo cual incluye muy en especial la cercanía de Estados Unidos, ¿cuál es el balance? ¿Cuáles fueron nuestros peores errores? ¿Se han superado? ¿Hemos aprendido de ellos? ¿Cuáles nuestras virtudes mayores? ¿Hemos logrado preservarlas? Ojalá que estas paginas contribuyan, siquiera en una pequeña medida, a que reflexionemos sobre estas preguntas.

XLIV

LA VERDAD BAJO SOSPECHA

En sus primeros años y por largo tiempo, la Revolución cubana negó, despreció, olvidó, satanizó, distorsionó y calumnió el pasado republicano. No es menos cierto que los exiliados lo afirmamos, admiramos, recordamos, endiosamos y exaltamos. Pero el tiempo trae, inexorablemente, cambios.

Sin duda en la isla no se ha celebrado este centenario de la inauguración de la República con el mismo fervor que en la diáspora. Pero sí se han escrito varios libros sobre el tema, y revistas importantes han dedicado números completos al análisis de este período de nuestra historia. Por ejemplo, la Dra. Ana Cairo, quizás una de las personas que ha estudiando más a fondo la República, publicó en La Habana un importante librito sobre el 20 de Mayo. Uso el diminutivo porque el volumen es pequeño en tamaño, pero su significado es mucho mayor que el número de sus páginas pues no sólo aporta datos interesantes sobre los eventos del día en que se inauguró la República sino que aboga por una posición revisionista en cuanto al significado de la fecha,

Otro ejemplo: en el editorial del segundo de los dos números extraordinarios dedicados en 2001 y 2002 a la República por la Revista *Temas*, publicada en La Habana bajo la dirección de Rafael Hernández, se reconoce a la República como «un período crucial en la historia de Cuba, vivo en nuestra cultura, en nuestro propio modo de pensar y de hacer...». Ese mismo número de *Temas* contiene una entrevista a Eusebio Leal, historiador de La Habana, en que enfatiza «hay que estudiar la República ... no puede ser borrada de un plumazo...». E insiste «no podemos explicar la historia de Cuba, ni amar la historia actual, desconociendo el pasado, ni admitir tampoco una explicación simplista porque, sencillamente, es poco serio». No sólo admite Leal la necesidad de estudiar la República sino que se muestra comprensivo hacia los cubanos que se vieron obligados a aceptar la Enmienda Platt y expresa su admiración por los intelectuales y diplomáticos cubanos que lograron que se abrogara. Exalta el papel de las vanguardias en Cuba. Admite la fecundidad cultural de la República. Añade: «Si nosotros, por ejemplo, no comprendemos el papel desempeñado por el grupo de Avance, o por Orígenes, o por la Sociedad Pro-Arte Musical, no podemos entender la cultura cubana».

No se limita esta revisión de la historia en Cuba a aspectos culturales. José A. Tabares del Real, profesor de la Casa de Altos Estudios Fernando Ortiz en La Habana, en un artículo sobre Batista en el período de 1933 a 1945, publicado en la misma revista, reconoce que «entre 1937 y 1940, la apertura democrática se desarrolló con creciente dinamismo y consenso, aunque no estuvo exenta de dificultades y tropiezos». Sobre la Constitución de 1940, escribe: «Fue valorada, en Cuba e internacionalmente, como una de las más progresistas de su época. Era de carácter capitalista, democrático-burguesa, con amplio y profundo contenido social. Sus virtudes la convirtieron inmediatamente en un programa político y en una bandera de lucha del pueblo cubano».

«*La Gaceta de Cuba*» también ha dedicado dos números a la República. En uno de ellos, aparece un artículo de Julio César Guanche, joven cubano lleno de inquietudes, que, al igual que Eusebio Leal, parece comprender los méritos y circunstancias de los primeros repúblicos. En realidad, hay en el corazón de este debate otro más profundo. La palabra República rara vez ha aparecido así, por si sola, en la Cuba revolucionaria. Siempre se le acompaña del clásico cliché de «república mediatizada», «pseudo república» o, peor aún, se le llama «neocolonia». Hoy los intelectuales cubanos desmontan el mito de que los cubanos de hace un siglo fueran culpables de las limitaciones con que haya podido surgir esa República.

Basten estos pocos ejemplos, entre muchos otros posibles, como prueba de que el Centenario ha servido para que en Cuba se replantee la historia republicana. Lo mismo ha sucedido en otras orillas. De Cayo Hueso a París, de Miami a Madrid, los cubanos en la diáspora han conmemorado este aniversario con nostalgia, dolor, ilusión, pero también, con un nuevo sentido crítico de la historia. Las actividades y publicaciones del Comité del Centenario, el Club San Carlos, el Instituto Jacques Maritain de Cuba, el Instituto de Estudios Cubanos, Cuban Heritage, la Asociación del Centenario de la República Cubana, Encuentro de la Cultura Cubana, y el Instituto de Investigaciones Cubanas, entre otras instituciones, no han estado encaminadas a exaltar con retórica patriotera las glorias pasadas. Los seminarios, simposios, ciclos de conferencias y publicaciones han analizado la República con todas sus «luces y sombras».

Quizás ese pueblo dado a la improvisación y el choteo que describiera Mañach en sus punzantes ensayos va dando muestras de madurez. La perspectiva del tiempo nos ha hecho entender que sólo asumiendo la historia, admitiendo matices distintos de la misma, puede darse un salto hacia un futuro mejor.

Mucho ha dividido a los cubanos en las últimas décadas. Lamentablemente, demasiado nos separa aún. Pero mucho más nos une. Especialmente, una historia común. No hay un criterio unánime en el enfoque de esa historia. Así debe ser. Las versiones, sin embargo, van pareciéndose más y más en lo substantivo aunque difieran en el énfasis y lo adjetivo. No importa. Ya es un importante paso de avance.

Gracias, lector, dondequiera que estés, por acompañarme en este recorrido por nuestra historia republicana, incompleto sin duda, pero que he querido contarte como quien narra un cuento. Si ha servido para alimentar tus ansias por saber más sobre la República, y buscar en otras fuentes mejor documentadas, esa verdad bajo sospecha que es siempre la historia, no habrán sido en vano mis esfuerzos por rendir con estas crónicas mi modesto homenaje a esa República que, desde hace más de un siglo, con sacrificios y amor, forjaron nuestros antepasados.

BIBLIOGRAFÍA

Aguilar, Luis E. *Cuba 1933: prologue to Revolution*. New York: Cornell University Press, 1972.

Alonso Ávila, Antonio y García Montes, Jorge. *Historia del Partido Comunista de Cuba*. Miami: Ediciones Universal, 1970.

Anuario estadístico. La Habana: Comité Estatal de Estadísticas, 1952, 1956, 1957.

Aragón de, Uva. *El caimán ante el espejo. Un ensayo de interpretación de lo cubano*. Miami: Ediciones Universal, 1993.

Batista y Záldivar, Fulgencio. *Piedras y leyes*. México: Editorial Botas, 1963.

Bernal, Beatriz. *Cuba, fundamentos de la democracia: antología del pensamiento liberal cubano desde fines del siglo XVIII hasta fines del siglo XX*. Madrid: Fundación Liberal José Martí, 1994.

Revista «Bohemia», La Habana: 1952-1959.

Cabrera, Miguel. *Ballet Nacional de Cuba. Medio siglo de gloria*. La Habana: Ediciones Cuba en el Ballet, 1998.

Cairo Ballester, Ana. *20 de mayo, ¿fecha gloriosa?* La Habana: Editorial de Ciencias Sociales, 2002.

Carbonell Cortina, Néstor. Ed. *Grandes debates de la constituyente cubana de 1940*. Miami: Ediciones Universal, 2001.

Carrillo, Justo. *A Cuba le tocó perder*. Miami: Ediciones Universal, 1993.

Carrillo, Justo. *Cuba 1933: estudiantes, yankis y soldados*. Coral Gables, Fl.: Instituto de Estudios Cubanos, University of Miami, 1985.

Castellanos, Jorge. *24 de febrero de 1895: un programa vigente*. Miami: Ediciones Universal, 1995.

Constitución de la Republica de Cuba, 1940. Introducción Néstor Carbonell Cortina. (s.l.; s.n.), 1998.

Costa, Octavio R. *Imagen y trayectoria del cubano en la historia*. Miami: Ediciones Universal, 1994.

Díaz Ayala, Cristóbal. *Música cubana. Del Areyto a la Nueva Trova*. Miami: Ediciones Universal, 1993.

Díaz-Brisquets, Sergio and Pérez López, Jorge. *Corruption in Cuba : Castro and beyond*. Austin : University of Texas Press, 2006.

Ensayo cubano del siglo XX. Selección, prólogo y notas Rafael Hernández y Rafael Rojas. México: Fondo de Cultura Mexicana, 2002.

Ferrara y Marino, Orestes. *Una mirada sobre tres siglos: memorias*. Madrid: Playor, 1975.

Fermoselle, Rafael. *Política y color en Cuba: la guerrita de 1912*. Madrid: Editorial Colibrí, 1998.

Fornés-Bonavia Dolz, Leopoldo. *Cuba-Cronología. Cinco siglos de historia, política y cultura*. Madrid: Editorial Verbum, 2003.

Fuente, Alejandro de la. *Una nación para todos: raza, desigualdad y política en Cuba, 1900-2000*. Madrid: Editorial Colibrí, 2000.

Juan, Adelaida de. *Caricaturas de la Republica*. La Habana: Ediciones Unión, 1999.

Historia del movimiento obrero cubano, 1865-1958. La Habana: Editorial Política, 1985.

Revista «Herencia de la Cultura Cubana», Miami: Volumen 7, No. 1, 2001; Volumen 8, Nos. 1 y 2, 2002.

Hernández-Catá, Alfonso. *Un cementerio en las Antillas*. Madrid: [Imp. de G. Saéz], 1933.

Henriquez Ureña, Max. *Panorama histórico de las letras cubanas*. San Juan: Ediciones Mirador, 1963.

Ibarra Cuesta, Jorge. *Cuba: 1898-1921, Partidos políticos y clases sociales*. La Habana: Editorial de Ciencias Sociales, 1992.

Ibarra Cuesta, Jorge. *Maximo Gómez frente al imperio*. La Habana: Editorial de Ciencias Sociales, 2000.

Ibarra Guitart, Jorge Renato. *El fracaso de los moderados en Cuba. Las alternativas reformistas de 1957 a 1958*. La Habana: Editorial Política, 2000.

Ichikawa Morín, Emilio. *Contra el sacrificio: del camarada al buen vecino*. Miami, Fl. Ediciones Universal, 2002.

Instituto de Historia de Cuba. *La neocolonia. Organización y crisis desde 1899 hasta 1940*. La Habana: Editorial Política, 1998.

«La Gaceta de Cuba», La Habana, mayo-junio 2002.

Le Riverand, Julio. *Breve historia de Cuba.* La Habana: Editorial de Ciencias Sociales, 1980.

Mañach, Jorge. *La crisis de la alta cultura. Indagación del choteo.* Edición al cuidado de Rosario Rexach. Miami: Ediciones Universal, 1991.

Márquez Sterling, Carlos. *Historia de Cuba desde Colón hasta Castro.* Nueva York: Las Américas Publishing Company, 1963.

Márquez Sterling, Carlos. Don Tomás. (Biografía de una época). La Habana: Editorial Lex, 1953.

Márquez Sterling, Carlos. «Tomás Estrada Palma», *Presidentes de Cuba.* (1868-1933). Miami: Editorial Cubana, 1987.

Márquez Sterling, Carlos y Márquez Sterling, Manuel. *Historia de Cuba.* Nueva York: Regents Publishing Company, 1985.

Márquez Sterling, Manuel. *La doctrina de la República.* La Habana: Publicaciones de la Secretaría de Educación, Dirección de Cultura, 1937.

Márquez Sterling, Manuel. *Proceso histórico de la Enmienda Platt*, La Habana, sin editorial, 1941.

Martínez, Juan. *Cuban Art and National Identity: The Vanguardia Artist,* 1922-1940. University of Florida Press, 1992.

Marrero, Leví. *Cuba en la década de 1950: un país en desarrollo.* Miami: Edición de la Junta Patriótica Cubana, 1990.

Masó, Calixto C. *Historia de Cuba.* Miami: Ediciones Universal, 1998.

Menocal, Narciso G., Guest Editor. *The Journal of Decorative and Propaganda Arts. Cuba Theme Issue.* Miami: The Wolfsonian Foundation of Decorative and Propaganda Arts, 1996.

Nuez de la, Iván. *Cuba Siglo XX. Modernidad y sincretismo.* Las Palmas de Gran Ganarias: Editorial Tabapress, 1995.

Piney Rocha, Grace Giselle, editora. *Centenario de la República de Cuba, 1902-2002.* Ciclo de conferencias ofrecidas por la Fundación Hispano Cubana durante los meses de abril-mayo de 2002. Varios autores. Madrid: Editorial Hispano Cubana, 2003.

Pérez, Jr., Louis A. *Cuba: Between Reform and Revolution.* New York: Oxford University Press, 1988.

Portel Vilá, Herminio. *Historia de Cuba en sus relaciones con los Estados Unidos y España.* La Habana: 1941.

Portuondo Linares, Serafín. *Los independientes de color: historia del Partido Independiente de Color.* La Habana: Ministerio de Educción, Dirección de Cultura, 1950.

Portuondo, Fernando. *Historia de Cuba.* La Habana: Editorial Minerva, 1950.

Remos y Rubio, Juan J. *Historia de la literatura cubana.* Miami, Florida: Mnemosyne Pub., 1945, [c1969].

Revista de la Biblioteca Nacional José Marti. La Habana: Año 92, No. 3-4 Julio-Diciembre 1991.

Revista *Encuentro de la Cultura Cubana.* «Homenaje a la República»: Madrid: Primavera 2002

Revista *Temas*, La Habana: # 22-23, julio-dic, 2000; y # 24-25, enero-junio, 2001.

Rivero, José Ignacio. *Pepín Rivero. Impresiones. El pensamiento de un gran orientador*. Miami: Service Offset Printers, 1964.

Rodríguez, Eduardo Luis. *La Habana: Arquitectura del Siglo XX*. Barcelona: Grafos, S.A. 1998.

Santovenia, Emeterio y Shelton, Raúl M. *Cuba y su historia*. Miami, Fla.; Rema Press, 1965-70.

Segura Bustamante, Inés. *Cuba Siglo XX y la generación de 1930: (un documento histórico)* Miami, Fla.: Ediciones Universal, 1986 [i.e. 1987].

Segura Bustamente, Inés. *Cuba : pruebas documentales de nuestra historia* Santo Domingo, R.D. : Editora Corripio, 1989.

Shelton, Raúl M. *Cuba y su cultura*. Miami: Ediciones Universal, 1993.

Stoner, K. Lynn. *From the House to the Streets: the Cuban Woman's Movmemt for Legal Reform*. Durham: Duke University Press, 1991.

Thomas. Hugh. *Cuba or The Pursuit of Freedom*. New York: Da Capo Press, 1998.

Vega Ceballos, Víctor. «Mario García Menocal y Deop», *Presidentes de Cuba (1868-1933)*, Miami: Editorial Cubana, 1987.

Zanetti, Oscar. *La República: notas sobre economía y sociedad*. La Habana: Editorial de Ciencias Sociales, 2006.

EL PAPEL DEL INTELECTUAL EN LA REPÚBLICA DE CUBA (1902-1959) [1]

La República de Cuba –se ha repetido infinidad de veces– nació el 20 de mayo de 1902 bajo el signo de la frustración. Ya en 1916, Manuel Márquez Sterling se lamentaba que «El pesimismo, en Cuba, ha formado legiones, apostolado: constituye algo así como una escuela política...».[2]. Tres años después, José Ignacio Rivero se pronunciaba de igual manera al señalar el escepticismo como uno de los factores principales del desquiciamiento moral de los cubanos. Le angustiaba que «La falta de fe en los destinos de la Patria, ha originado la ausencia de amor a ella».[3]. Por esas fechas, Fernando Ortiz precisaba el origen de la desesperanza criolla:

«El pueblo sabe que el gobierno es ilegítimo, y que surgió apoyado por la diplomacia norteamericana; y observa que la usurpación ha servido para el provecho personal de los usurpadores, los cuales no han tenido la capacidad necesaria para hacerse perdonar mediante actos de gobiernos justos y beneficiosos para el país, y han erguido en sistema la corrupción, justificando la creencia popular en la impunidad de todos los delitos de los gobernantes y en la desaparición de la justicia como la base de la vida pública en Cuba»[4].

---

[1] Trabajo presentado en la XXIII Conferencia de Latin American Study Association (LASA), celebrada en Washington del 6 al 9 de septiembre de 2001, y publicado en la Gaceta de Cuba, La Habana, mayo- junio, 2002

[2] Manuel Márquez Sterling, «Para la historia del pesimismo en Cuba», *La Nación*, 25 de agosto de 1916, Año I, No. 143, reproducido en *La doctrina de la República,* La Habana: Publicaciones de la Secretaría de Educación, Dirección de Cultura, 1937, 30.

[3] José Ignacio Rivero. «Impresiones», *Diario de la Marina,* 11 de octubre de 1919, reproducido en *Pepín Rivero, Impresiones. El pensamiento de un gran orientador*, Miami: Service Offset Printers, 1964, 19.

[4] Fernando Ortiz, «La crisis política cubana: sus causas y remedios. (Resumen de un libro que ya no se escribirá)», fechado en marzo de 1919 y publicado en *El Heraldo de Cuba*, el 23 de junio del mismo año. Reproducido en: *Obras*, La Habana: Ediciones Unión, UNEAC,

En efecto, la intromisión de los vecinos del norte en la guerra independentista, los términos del Tratado de París, firmado sin la presencia de un sólo cubano, la primera intervención militar, la imposición de la Enmienda Platt que limitaba la soberanía del país y la actitud incluso de algunos cubanos, especialmente al propiciar la segunda intervención, incubaron un sentimiento de fracaso que se reflejó en todas las facetas de la vida de la naciente República, incluyendo la literatura de la época. La larga mano de los vecinos del norte en la vida política y económica del país era una banderilla clavada en la conciencia nacional criolla.

La primera promoción de escritores republicanos concentró su creación en temas nacionales, con un marcado énfasis en la denuncia de los males sociales y políticos[5]. Jesús Castellanos, por ejemplo, dedica su primera novela, *La conjura* (1908), a la constrictora presión del engranaje social de la vida en Cuba. José Antonio Ramos, en su drama en tres actos, *Tembladera* (1916), pinta la maltrecha economía del país, producto de la improvisación y de los abusos de los latifundistas extranjeros. Contra la venta de tierras a intereses foráneos, especialmente yanquis, también se manifiesta Alfonso Hernández-Catá (1885-1940) en su cuento *Don Cayetano el informal*. La proble-

---

1973, y en *Cuba: Fundamentos de la democracia. Antología del pensamiento liberal cubano desde fines del siglo XVIII hasta fines del siglo XX,* Madrid: Fundación Liberal José Martí, 1994, 226.

[5] Conocidos también como la «generación de las tres banderas», pues nacidos sus miembros en las últimas décadas del siglo XIX, vivieron bajo la insigne española y más tarde la de Estados Unidos, antes de contemplar al fin ondear la bandera cubana, se distinguen asimismo por la creación de la «Sociedad de Conferencias» y la fundación de la revista «Cuba Contemporánea». Pertenecen a esta generación, entre los prosistas, Jesús Castellanos (1879-1912), Luis Rodríguez Embil (1879-1954), Fernando Ortiz (1881-1969), José Antonio Ramos (1882-1928), Luis Felipe Rodríguez (1884-1947), Alfonso Hernández-Catá (1885-1940), Emilio Roig de Leuchsenring (1889-1964), José María Chacón y Calvo (1892-1969) entre otros. Para un estudio de las distintas generaciones de intelectuales en la República, ver, entre otros, Juan J. Remos y Rubio, *Historia de la literatura*, Miami: Mnemosyne Publishing Co., 1969, Vol. III, originalmente publicado en Cuba en 1945; Raimundo Lazo, *La teoría de las generaciones y su aplicación al estudio histórico de la literatura cubana*, La Habana: Ed. Universidad de La Habana, 1954; Salvador Bueno, *Historia de la Literatura* Cubana. La Habana: Editorial Nacional de Cuba, 1963; y Carlos Ripoll, *La generación del 23 en Cuba y otros apuntes sobre el vanguardismo*, Nueva York: Las Américas Publishing Co., 1968.

mática social aparece asimismo en la obra de Miguel de Carrión (1882-1928). El cultivador por excelencia de la novela social y política en Cuba, Carlos Loveira (1882-1928), refleja, satiriza y critica el ambiente republicano de la época en obras medulares como *Generales y doctores* (1920), *Los ciegos* (1923) y *Juan Criollo* (1928).

No fueron sólo los narradores los que expresaron su descontento con la presencia norteamericana y los rumbos que tomaba la República. También los poetas. Al regresar del exilio a la isla en 1899, Bonifacio Byrne se lamentaba adolorido en estrofas que memorizaron con devoción generaciones de niños republicanos:

> *Al volver de distante ribera*
> *con el alma enlutada y sombría,*
> *afanoso busqué mi bandera*
> *!y otra he visto en lugar de la mía!* [6]

Más de un cuarto de siglo después, Felipe Pichardo Moya criticaba en sus versos a los «rubios ingenieros de atlético porte...». Advertía a los cañaverales que afilaba «sus garras de acero Monroe», y les pedía que velaran por Cuba ante los «gérmenes anexionistas,/precursores de conquistas».[7] Agustín Acosta, libre ya de los aspectos artificiosos del modernismo, muestra su preocupación patriótica en su poemas, entre ellos «Las carretas en la noche» en el que la repetición del verso «das viejas carretas rechinan...rechinan» cuando «van hacia el coloso de hierro cercano: van hacia el ingenio norteamericano» asemeja un lamento cargado de «cubanas razones» que surge de lo más hondo del alma guajira.[8]

En las primeras décadas republicanas, la crítica y la denuncia se encauzan por diversos modos de expresión. Por ejemplo, «El manual

---

[6] Bonifacio Byrne, «Mi bandera», *Cincuenta años de poesía cubana, 1902-1952. Orientación, antología y notas por Cintio Vitier*, La Habana: Dirección de Cultura del Ministerio de Educación, Ediciones del Cincuentenario, 1952, 17.

[7] Felipe Pichardo Moya, «El poema de los cañaverales» (1926), *Cincuenta años...*, 96-97.

[8] Agustín Acosta. "Las carretas de la noche" (1926), *Cincuenta años...*, 85-87.

del perfecto fulanista» (1916) de José Antonio Ramos, y «El manual del perfecto sinvergüenza» (1922) de Tom Mix, pseudónimo de José M. Muzaurieta, son sarcásticos retratos de la vida política del país que se insertan, además, en las orillas de otra corriente de las letras cubanas, la búsqueda el origen de los males del país en el análisis del carácter del cubano, a la que tanto contribuyó Jorge Mañach con trabajos como *La crisis de la alta cultura en Cuba* (1925) y, sobretodo, su penetrante *Indagación del choteo* (1928). Surge también en estos años la caricatura del pueblo cubano, personificado por Ricardo de la Torriente en las páginas de *La política cómica* en la figura de Liborio, hombre narizón, patilludo, con «un tabaco en la boca y un sombrero en la mano», observador pasivo y socarrón de los vaivenes del acontecer público. [9]

El tema nacional se agudiza en la segunda generación republicana, en los que sobresalen los nombres de Jorge Mañach, Juan Marinello, Alejo Carpentier, Rubén Martínez Villena, Sergio Carbó, Félix Lizaso, Rafael Esténger, Lydia Cabrera, Lino Novas Calvo, José Antonio Fernández de Castro, Dulce María Loynaz, Mariano Brull, Eugenio Florit y Julio Antonio Mella, entre otros. El negro, el campesino, el obrero explotado, el patrón inhumano e inmoral, el latifundista azucarero, el yanki imperialista, son personajes que pueblan la literatura de esa era. La conciencia nacional se canaliza en la denuncia, la protesta. El movimiento feminista cobra impulso. En l923 irrumpe en la vida nacional el Grupo Minorista. Se produce la famosa «Protesta de los trece». *La Revista de Avance* marca en 1927 un paso hacia la vanguardia. El término «afrocubano» se pone de moda. Se cultiva la poesía negra, en la que sobresalen las figuras de Nicolás Guillén y Emilio Ballagas. Se revaloriza la vida y la obra de José Martí quien se convierte en el «héroe adorado» de los jóvenes escritores [10]. Pero los

---

[9] Para más sobre este tema, ver «Caricatura de la República» de Adelaida de Juan, La Habana: Ediciones Letras Cubans, 1982.

[10] Para más sobre el tema, ver el esclarecedor ensayo de Carlos Ripoll, *La generación del 23 en Cuba.*

temas sociales y antiimperialistas persisten. La obra del cuentista Carlos Montenegro (1900-1980) es un buen ejemplo.

No todas las visiones fueron igualmente tenebrosas. O, más bien, alzándose sobre sus propias dudas y angustias, muchos intelectuales sintieron el deber de jugar un papel en la creación de una conciencia cívica nacional y, especialmente, como mentores de la juventud. Así, en la Asamblea Constituyente de 1901); Rafael Portuondo aboga por el derecho de las minorías; Eliseo Giberga advierte sobre los peligros de crear demasiadas barreras para los extranjeros en la isla; y José Alemán, que había alcanzado el grado de General de División del Ejército Libertador, defiende el sufragio universal. Ante la disyuntiva que pueden enfrentar las pueblos cuando dos facciones se disputan el poder, entre «el camino de batirse en las urnas, o, por el contrario, el de la revolución», Alemán aconseja con énfasis: «(...) señores, es preferible, mil veces, la lucha de las urnas»[11]. En 1904, en vísperas de las elecciones parciales, Ramón Roa, Secretario de Relaciones Exteriores de la República en Armas, le pedía al pueblo cubano que pusiera «todos sus sentidos en las elecciones para concejales, consejeros, gobernadores, representantes y senadores, a fin de que obtengan estos cargos los ciudadanos más idóneos, los más serios, y los más respetables» y aseguraba a los electores que en sus manos estaba el porvenir de la República[12].

«A la injerencia extraña, la virtud doméstica», frase que acuñó Manuel Márquez Sterling, reflejaba la prédica de muchos de los intelectuales de la era. Como Márquez Sterling, Manuel Sanguily, Rafael Montoro, José Ignacio Rivero y muchos otros se afanaban, aunque desde perspectivas distintas, en trazar las normas rectilíneas de una ética cívica, en las que un optimismo sereno y reflexivo, contrarrestara esa autodenigración rayano en el desprecio que aquejaba a los cubanos y se cernía sobre la República con el peligro de que

---

[11] Antología del pensamiento liberal..., 189-197.
[12] Idem, 184. Escrito el 20 de mayo de 1904.

menguara cada vez más el interés y la participación en la política del ciudadano de a pie.

Merece mención aparte Enrique José Varona, figura que por su larga vida (1849-1933), fecunda obra, variada trayectoria, y su influencia medular en las juventudes, es difícil de encasillar en una generación o una categoría particular. Varona sufría asimismo esa lucha interior entre un intuitivo pesimismo y un sentido de responsabilidad en la forja de virtudes ciudadanas. Pero si su escepticismo se transparenta con frecuencia en su obra escrita, no menguó en momento alguno su energía para participar activamente en la vida pública y cultural del país. En los consejos que daba a los jóvenes desde su cátedra en la Universidad de La Habana o cuando lo visitaban en su casa de El Vedado, y con su presencia tutelar en cuanta institución o publicación se estrenara, Varona atemperó la filosofía positivista que lo había marcado, con una gran preocupación humanista. Sus críticos lo acusan de haberse excedido en su repudio a las humanidades en el Plan Varona de enseñanza. Quizás tengan razón, pero pese a las contradicciones que son signo de los seres humanos genuinos, la vida de Enrique José Varona fue una constante cruzada cívica. No puede extrañar que se convirtiera para la generación del 23, según palabras de Francisco Ichaso, en «un guía recto y sapiente, un verdadero apóstol de la cultura»[13]. Con igual devoción se manifestaron en diversas ocasiones muchos de sus discípulos como Mañach, Fernández de Castro, Raúl Maestri y Gastón Baquero, entre otros. Aún en sus últimos años, y con más mérito precisamente por el desengaño que le mordía el alma, animaba a los jóvenes en sus luchas. Salvador Bueno reconoce de esta última época de su vida «sus lúcidos pronunciamientos antidictatoriales y antiimperialistas»[14]. Su reconocimiento trascen-

---

[13] Francisco Ichaso, «Mis recuerdos de Varona», *Homenaje a Enrique José Varona en el centenario de su* natalicio, La Habana: Publicaciones del Ministerio de Educación, 1951, I, 94.

[14] Salvador Bueno, «Enrique José Varona: vigencia de lo efímero», *Enrique José Varona, periodista. Selección, prólogo y notas de Salvador* Bueno, La Habana: Pablo de la Torriente Editorial, 1999, 11.

dió el ámbito de lo cubano, pues José Enrique Rodó lo comparaba al Próspero de su *Ariel*[15]

Jorge Mañach desempeñó asimismo el papel de mentor de juventudes, especialmente desde la cátedra de Historia de la Filosofía en la Universidad de La Habana a la que accedió por oposiciones en 1940. Según Rosario Rexach, una de sus discípulas, «Sus clases eran escuchadas –casi con reverencia– por un numeroso alumnado (...)»[16]. Esta excelente relación de amistad de las primeras generaciones republicanas con la promoción que le sigue ha sido descrito por la Dra. Ana Cairo como «un culto a la juventud, típica expresión de cómo el pensamiento positivita conforma su pensamiento social»[17].

Los intelectuales cubanos no desoyeron el consejo martiano sobre el peligro de dejar la arena política en manos de los peores y cuando lo creyeron prudente, militaron en partidos políticos y ocuparon cargos públicos con el sano afán de servir y no servirse de la Patria. En la diplomacia, se destacaron figuras de las letras como Luis Rodríguez Embil, José María Chacón y Calvo, Alfonso Hernández-Catá, Fernando Ortiz, Manuel Márquez Sterling, y Luis Machado, autor de «La isla de corcho», entre otros. Rafael Montoro, autor de libros de texto de cívica, se desempeñó como Ministro de la Presidencia; el jurista José Antolín del Cueto, el etnógrafo Fernando Ortiz y el ensayista Jorge Mañach, quien también ocupó cargos ministeriales, fueron elegidos representantes a la Cámara; Manuel Sanguily, al Senado, del cual llegó a ser Presidente; el sociólogo Roberto Agramonte fungió como Ministro de Estado y fue postulado como candidato a la Presidencia por el Partido Ortodoxo en las elecciones que debieron celebrarse en

---

[15] Ripoll, *La generación del 23 en Cuba...*, 58.

[16] Rosario Rexach, «Jorge Mañach: Tributo al hombre y a su obra», *Dos figuras cubanas y una sola actitud*, Miami: Ediciones Universal, 1991, 155. Otra de las muestras de la devoción de los estudiantes por Mañach puede hallarse en los tributos que le han rendido en diversas ocasiones en el exilio, entre ellos en Nueva York en 1986 con motivo del vigésimo quinto aniversario de su muerte, y de nuevo en Miami en el centenario de su nacimiento en 1998.

[17] Ana Cairo. *La Revolución del 30 en la narrativa y el testimonio cubanos*, La Habana: Editorial Letras Cubanas, 1993, 27.

1952, frustradas por el golpe militar de Fulgencio Batista; Francisco Ichaso y Emetrio Santovenia militaron en la filas del ABC; Marinello y Mirta Aguirre en las del Partido Comunista, para mencionar sólo unos pocos ejemplos. Figuras públicas que también incursionaron en el mundo de las letras hay muchas, pero nos hemos limitado a destacar algunas personalidades que eran primordialmente intelectuales, y que se involucraron en la política en ocasiones extraordinarias, por razones de responsabilidad cívica.

El sentido ético que los animaba llevó a muchos intelectuales al desempleo, el exilio o la cárcel cuando tomaron una posición combativa en contra de la prórroga de poderes del Presidente Gerardo Machado en el año 1928. En el manifiesto antiimperialista de los jóvenes intelectuales del Grupo Minorista, la primera firma que aparece es la de Enrique José Varona. Una conferencia de Alfonso Hernández-Catá es interrumpida por la porra machadista y el escritor, diplomático de carrera desde 1909, renuncia a su puesto consular en España [18]. Juan Marinello, Pablo de la Torriente y Raúl Roa son detenidos. También, en un sólo día –el 14 de febrero de 1931– 89 profesores universitarios. Raimundo Lazo es separado de su cátedra universitaria. Marchan al destierro Jorge Mañach, Fernando Ortiz, Julio LeRiverand y el científico Carlos de la Torre, entre otros[19].

El resultado del peso de la labor de los intelectuales cubanos se hizo palpable en la reacción del pueblo cubano ante el peligro en que se ponía el estado de derecho con la reelección espurrea de Machado. Aún las clases conservadoras del país combatieron la dictadura. Las

---

[18] En carta a Manuel Navarro Luna, fechada en Madrid el 17 de junio de 1933, Hernández-Catá, padre de cinco hijos, confiesa que «los problemas económicos que esto me crea son enormes» y menciona con entusiasmo que «su libro bomba», con el «título de la conferencia estrangulada y seis cuentos de los años terribles» se publicaría en un par de meses. Se trataba de *Un cementerio en las Antillas,* Madrid: Imp. De Galo Saénz, 1933, que vio la luz pocas semanas después de la caída de Machado. La epístola mencionada se encuentra en los Archivos del Instituto de Literatura y Lingüística en La Habana.

[19] Para más sobre la Revolución de 1933, ver Luis Aguilar León, *Cuba 1933: Prologue to Revolution*, New York: Cornell University Press, 1972; Justo Carrillo, *Cuba 1933. Estudiantes, yanquis y soldados*, Miami: Universidad de Miami, 1985; y Ana Cairo, *La Revolución del 30...*

prédicas a la juventud no habían caído en oídos sordos, pues el Directorio Estudiantil jugó un importante papel en la Revolución del 33 y el derrocamiento de la dictadura machadista. Quizás, sin embargo, el mayor logro de los intelectuales fue haber combinado la denuncia con la habilidad para negociar y zafar a Cuba del yugo de la Enmienda Platt. Así lo reconoce Eusebio Leal en una entrevista publicada en la Revista *Temas* en La Habana al decir: «Hay en la República elementos vitales que luchan, por ejemplo, de una forma patriótica, desde el punto de vista jurídico, y lo logran cuando hacen que [la Enmienda Platt] sea finalmente abolida, no como un acto de generosidad del nuevo trato preconizado por Franklin D. Roosevelt, sino como resultado de una gran lucha nacional, en la cual los embajadores, los ministros cubanos –entre ellos Cosme de la Torriente– van a desempeñar un papel muy importante para la desarticulación del aparato jurídico de la enmienda. Ellos lograron barrerla completamente»[20]. En esta empresa, a la que muchos contribuyeron, hay que destacar asimismo la labor de Jorge Mañach, graduado de la Universidad de Harvard, quien exponía con desenfado las exigencias cubanas en influyentes publicaciones americanas como *Foreign Affairs* [21], la del historiador Herminio Portell Vilá como uno de los delegados a la Séptima Conferencia de Estados Americanos celebrada en Montevideo en diciembre de 1933, y las denuncias periodísticas y gestiones diplomáticas de Manuel Márquez Sterling, a quien, como embajador de Cuba en Washington, le cupo el honor de firmar la abrogación de la Enmienda en 1934[22].

---

[20] Pedro Martínez Pírez, *Eusebio Leal: «No podríamos entender la Revolución sin la República»*.Entrevista. *Temas*, La Habana no. 24-25, enero-junio de 2001, 6-7.

[21] «Revolution in Cuba», *Foreign Affairs*, V. 12, no. 1, Octubre, 1933, 53. En este artículo Mañach expresa «...the best service which the United States could render Cuba would be to consent to the abrogation of the Platt Amendment, which is the fundamental cause of the psychological semi-subjection of the Cuban people».

[22] El 7 de enero de 1919, Manuel Márquez Sterling, declaraba desde México en *El Heraldo de Cuba*: «El verdadero propósito de la Enmienda consistió en evitar las revoluciones del pueblo contra el Gobierno y fomentó las revoluciones del Gobierno contra el pueblo. Su norma puede condensarse en esta fórmula precisa: la paz a todo trance. Y la paz a todo trance

La revolución de 1933 desembocó en la Asamblea Constituyente de 1940, a la que fueron electos no pocos intelectuales, de diversas ideologías, que contribuyeron a los debates, y entre los que sobresalen Orestes Ferrara, José Manuel Cortina, Jorge Mañach, Fracisco Ichaso y Juan Marinello.

De nuevo, a partir del golpe del 10 de marzo de 1952, muchos intelectuales intentan poner fin a la dictadura batistiana. Rafael García Bárcena, poeta laureado, merecedor del Premio Nacional de Filosofía en 1950, organiza un frustrado asalto al campamento de Columbia en 1953, y sufre prisión y exilio. Leví Marrero denuncia a los que «cantan las bienandanzas de las dictaduras, y elogian servilmente al *hombre fuerte*, como varón paradigmático, llamado a solventar todos nuestros males»[23]. Carlos Rafael Rodríguez, Juan Marinello y Mirta Aguirre redactaron en 1957 la *Carta a los intelectuales y artistas*. Algunos apoyaron una solución política, otros se sumaron a las filas de la Revolución, pero pocos permanecieron indiferentes. Los intelectuales cubanos, en su inmensa mayoría, tomaron partido contra la dictadura.

No se limitaron los hombres y las mujeres de letras de la república a la denunciar sus males, forjar una conciencia cívica, alentar reformas y participar de forma activa en la política. Fueron también grandes promotores de la cultura. Para ello fundaron instituciones, dirigieron revistas y periódicos, convocaron a ciclos de conferencias, mantuvieron contacto con intelectuales extranjeros y dieron muestras de una formación humanista, un conocimiento enciclopédico y una vocación universalista, que no estaba reñida con un profundo nacionalismo. Basten pocos ejemplos.

---

es, en la historia, la dictadura». Citado por Jorge Ibarra en *Cuba: 1898-1921. Partidos políticos y clases sociales*, La Habana: Editorial de Ciencias Sociales, 1992, 3. Para más información sobre el tema ver Herminio Portel Vilá, *Historia de Cuba en sus relaciones con los Estados Unidos y España*, La Habana, 1941; y Manuel Márquez Sterling, *Proceso histórico de la Enmienda Platt*, La Habana, 1941.

[23] «La misma piedra». *El Mundo,* La Habana, 13 de marzo de 1957.

Durante el corto período republicano, se crearon con apoyo oficial y notorios esfuerzos individuales, la Biblioteca Nacional (1901), la Academia de la Historia de Cuba (1910), la Academia Nacional de Artes y Letras (1910), el Museo Nacional (1913), la Academia Cubana correspondiente a la Academia de la Lengua Española (1922), la Academia de las Ciencias (1928), y la de Educación (1936), la Junta Nacional de Arqueología (1937), la Sociedad Geográfica de Cuba y la de Derecho Internacional, entre otras. De las instituciones de índole privada podemos recordar el Ateneo (1902), la Sociedad de Conferencias (1911), la Universidad Popular (1914), la Sociedad del Folklore Cubano (1924), la Sociedad Pro-Arte Musical (1918), el Lyceum Lawn and Tennis Club (1928) – organización de mujeres, que pese a su nombre algo frívolo, fue un foco del pensamiento más avanzado del país además de brindar un foro a numerosas personalidades extranjeras –, la Institución Hispánica de Cultura (1936), la Alianza Cubana por un Mundo Libre contra el Fascismo, (1941), la Sociedad de Estudios Africanos (1943), el Instituto Cultural Cubano-Soviético (1945) y la Sociedad Cubana de Filosofía (1948), para mencionar sólo una muestra representativa.

La nómina de revistas es igualmente prolija. Repasemos las más emblemáticas: *El Fígaro, Cuba Contemporánea, Revista Bimestre Cubana, Social, Revista de Avance, Revista de La Habana, Grafos, Lyceum, Espuela de Plata, Ciclón, Orígenes,* sin contar con las de corte más popular como *Bohemia* y *Carteles,* en la que sin embargo colaboraron intelectuales de talla. Se han identificado por lo menos 558 revistas, de mayor o menor duración, publicadas en ese período[24]. Imposible igualmente mencionar la variedad de periódicos que se editaban, desde el conservador *Diario de La Marina* hasta *Noticias de Hoy,* órgano del Partido Socialista Popular, pasando por *El Mundo,* primer periódico de empresa de tipo moderno, *El Heraldo de Cuba, Discusión, Ahora,* –éste último bajo la sabia dirección de Guillermo Martínez Márquez–, *Prensa Libre,* y muchos otros. A pesar de que

---

[24] Para más información sobre esta tema, ver Roberto Esquemazi-Mayo, *A Survey of Cuban Revistas. 1902-1958,* Washington, D.C.: Library of Congress, 1993.

algunas publicaciones respondieran a la filosofía o los intereses de sus dueños o directores, abrían sus páginas a opiniones distintas. Se da el caso, por ejemplo, que en 1928 Nicolás Guillén comienza a colaborar en la página «Ideales de una raza» de *Diario de la Marina*, un rotativo conservador, donde aparecen en 1930 sus poemas *Motivos de son* que producen gran resonancia.

Los repúblicos buscaron reconocimiento de la cultura patria más allá de las fronteras nacionales. Con proverbial generosidad José María Chacón y Calvo y Alfonso Hernández-Catá trabajaron desde sus cargos diplomáticos en España para dar a conocer en la Madre Patria la labor intelectual de sus compatriotas. Sirvieron de puente entre los escritores de ambos lados del Atlántico, pues habían trabado relaciones estrechas con la flor y nata de los intelectuales españoles. Idéntica labor realizó el dramaturgo Virgilio Piñera durante los 14 años que vivió en Buenos Aires. A su intervención se debe, por ejemplo, la entrañable amistad surgida entre Julio Cortázar y José Lezama Lima. Estos contactos, y el ambiente cultural de la naciente República, atrajeron a muchos intelectuales extranjeros. Algunos visitaron Cuba, siquiera brevemente, donde se les recibió con entusiasmo – entre ellos Rubén Darío, José Ingenieros, Amado Nervo, Alfonso Reyes–; otros pronunciaron inolvidables ciclos de conferencia – Gabriela Mistral, Jacinto Benavente, Federico García Lorca–. Max, Pedro y Camila Henríquez Ureña, dominicanos, vivieron en la isla y se incorporaron a su cultura. Ernest Hemingway, ganador del Premio Nobel de literatura, residió en Cuba, donde escribió varias de sus novelas. Buscaron refugio político en la Patria de Martí cuando se vieron necesitados de huir de las suyas los españoles Gustavo Pittaluga y Juan Ramón Jiménez, y los venezolanos Rómulo Gallegos y Andrés Eloy Blanco.

Basta asomarse a algunas de las páginas escritas por los cubanos entre 1902 y 1959 para comprobar la vastedad del conocimiento de algunas de estas figuras, que convivían, es preciso decirlo, con el provincianismo y la estrechez de miras de otros sectores. Estos hombres –y algunas pocas mujeres– citaban por igual a los clásicos que a los autores del momento, cuyas obras se publicaban en las grandes urbes culturales, con la soltura que nace de lecturas firmemente acendradas, no de la pedantería o frivolidad. Uno de los factores que nutrió esta vocación universalista fue que muchos estudiaron, y luego ocuparon cátedras o recibieron becas fuera de Cuba, lo cual ensanchó sus horizontes. Por ejemplo, además de la carrera de derecho en Barcelona y Madrid, Fernando Ortiz estudió criminología en Italia, colaboró en revistas en Estados Unidos, donde también dictó conferencias y recibió un doctorado *honoris causa* de la Universidad de Columbia. Igual honor concedió a Carlos de la Torre la Universidad de Harvard. Herminio Portel Vilá fue becado cuatro veces por la Fundación Guggenheim. Antonio Portuondo, posteriormente rector de la Universidad de Santiago de Cuba, enseñó entre 1946 y 1953 en las Universidades de New México, Wisconsin, Pennsylvania y Columbia. En esta última también fungió como profesor Jorge Mañach. Félix Lisazo fue instructor en Princeton. Eugenio Florit y Juan José Arrom desarrollaron sus carreras académicas en Estados Unidos, en las Universidades de Columbia y Yale respectivamente. Ambrosio Fornet y Pablo Armando Fernández estudiaron en Nueva York durante la era republicana. (Valga añadir un paréntesis. No todos los intelectuales cursaron estudios universitarios. Alfonso Hernández-Catá, Manuel Navarro Luna, Enrique Labrador Ruiz y Lino Novas Calvo, entre otros, eran autodidactas.) París influyó grandemente sobre los intelectuales de la isla. Cursaron estudios en La Sorbonne –donde Emilia Bernal ofreció un singular ciclo de conferencias en las primeras décadas del siglo– Roberto Fernández Retamar y Mario Parajón. Las estancias en la ciudad luz fueron vitales para Lydia Cabrera, Alejo Carpentier, Julio Le Riverend. Ofelia Rodríguez Acosta publicó sus impresiones de la capital francesa en *Grafos*. Lazo realizó viajes de investigación por medio mundo. Lezama estuvo en México en 1949 y en Jamaica al año siguiente.

 Otra muestra del amplio horizonte de los intelectuales republicanos puede hallarse en los títulos de sus libros, que van desde las biografías de El Papa Borgia, Maquiavelo y Felipe II de Orestes Ferrara, hasta textos filosóficos como *La escudilla de Díogenes* del matancero Fernando Lles, *Redescubrimiento de Dios* de Rafael García

Bárcena, *Filosofía existencial* de Humberto Piñera y *El cristianismo en la crisis de Occidente* de Pedro Vicente Aja.

Un estrecho sentido de amistad unía a los intelectuales de la República, como se hace evidente en sus epistolarios. La correspondencia entre Chacón y Calvo y Fernando Ortiz, y entre Virgilio Piñera y Lezama Lima, para dar sólo dos ejemplos, muestra no sólo los intereses culturales comunes sino hondos vínculos personales[25]. Crónicas de la época ponen al descubierto tanto en ocasiones tristes, como despedidas de duelo; o felices, como banquetes de homenaje, ese sentido de camaradería que surge entre quienes laboran hombro a hombro en un proyecto común, en este caso, la República.

Las relaciones de amistad estaban por encima de las diferencias ideológicas, generacionales o de clase, y de los inevitables celillos que surgen siempre entre intelectuales. Es difícil imaginar dos individuos más disímiles que José María Chacón y Calvo, el hispanista que contaba entre sus antepasados al primer Conde da Bayona, y el combatiente comunista Pablo de la Torriente Brau, y sin embargo, trabaron una estrecha amistad, al punto que el diplomático lo alojó en su casa en el convulsionado Madrid de 1936[26]. Con respecto al grupo Orígenes –en el que figuraron José Lezama Lima, José Rodríguez Feo, Cintio Vitier, Fina García Marruz, Angel Gaztelu, Octavio Smith y Julián Orbón– ha señalado Iván González Cruz: «El cultivo de la amistad inspiradora significa y representa una categoría esencial en este grupo donde había una unidad en lo diverso y plural, sin la cual hubiera sido difícil quizás sobrevivir o desarrollar tan altas consideraciones en el terreno de la creación literaria».[27]

---

[25] Ver Zenaida Gutiérrez-Vega, *Fernando Ortiz en sus cartas a José María Chacón y Calvo, (1914-1936, 1956)*, Madrid: Imprenta Universitaria, 1982, y *Fascinación de la memoria. Textos inéditos de José Lezama Lima*, La Habana: Editorial Letras Cubanas, 1993.

[26] Salvador Bueno, «Prólogo», *Cubanía y españolidad de José María Chacón y Calvo*, La Habana: Editorial Letras Cubanas, 1994, 17.

[27] Iván González Cruz, «Vórtice de José Lezama Lima», *Fascinación de la memoria. Textos inéditos de José Lezama Lima...*, 8.

A pesar de las múltiples actividades de orden público y cultural, dentro de cada movimiento, de la oratoria de Rafael Montoro a los aforismos de Varona, del modernismo de Regino Boti al barroquismo de Lezama Lima, de la poesía pura de Eugenio Florit al teatro de la crueldad de Virgilio Piñera, los creadores cubanos fueron fieles a las normas estéticas que cada uno se fijó. No sacrificaron la calidad de sus obras ante ninguna otra exigencia y prefirieron siempre la «indiferencia oficial» a un patrocinio estatal que pusieras bridas a la libertad creadora.

Naturalmente que siempre existen excepciones. No todo fue armonía entre las clases pensantes. También hubo polémicas, duelos verbales y de las plumas, ataques personales, mezquinas envidias, imperdonables olvidos, divisiones. Algunos hombres de letras apoyaron gobiernos dictatoriales, y se beneficiaron o se mantuvieron indiferentes tanto ante la injerencia extraña como la falta de virtud doméstica. Fueron los menos. Si en la República hubo indudables aciertos, también se cometieron grandes errores. Pero frente a todo acto de corrupción, abuso de poder o injusticia hubo intelectuales honestos que utilizaron su palabra para la denuncia y la búsqueda de soluciones para la nación.

No pretenden estas cuartillas agotar el tema. Ojalá, en el umbral del centenario de la fundación de la República, contribuyan siquiera modestamente, a la revaloración de un período en el que los intelectuales jugaron un valioso papel. En la entrevista antes citada, Eusebio Leal declara, y con razón, que «No podríamos entender la Revolución sin la República»[28]. Yo diría más. No podríamos entender la nación cubana. La revisión de la historia de la República –que afortunadamente ya ha comenzado– es vital para aprender de sus errores, emular sus logros y nutrir el imaginario nacional con una visión coherente del pasado que pueda ser útil para enfrentar los retos que sin duda traerá el Siglo XXI.

---

[28] Pedro Martínez Pírez, «Eusebio Leal...», 9.

Firma de la Constitución de 1940, en la mesa en que también se había firmado la de Guáimaro en 1869. Se destacan Carlos Márquez Sterling, al centro, y Emilio Núñez Portuondo, a su izquierda, Presidente y Secretario de la Asamblea Constituyente, en uno de los momentos más hermosos de la historia de la República.

ÍNDICE DE NOMBRES

ABC 105, 106, 110, 174
Abreu, Marta 36
Abreu, Rosalía 78
Academia de la Historia 57
Academia de las Artes y Letras
.... 57
Acosta, Agustín ... 73, 156, 169
Agramonte, Roberto .. 133, 173
Agrupación Católica Universitaria
.... 152
Agrupación Revolucionaria 108
Agüero, Arístedes 29
Aguilar León, Luis ... 161, 174
Aguirre, Mirta 174, 176
Ala Izquierda Estudiantil... 104
Alberti, Rafael 156
Albizu Campos, Pedro..... 129
Alemán, José Manuel .. 31, 125, 171
Alonso Pujol, Guillermo ... 122, 132, 149
Alonso, Alicia 153, 156
Alzugaray, Carlos 96
Alliegro, Anselmo 149
André, Armando 85, 101
Aragón, Ernesto de 13
Arbenz Guzmán, Jacobo ... 138
Arias, Aurelio 80
Arrau, Claudio 156
Arrom, Juan José 179
Arteaga y Montejo, Ricardo
.... 56, 91
Arteaga, Cardenal Manuel.. 142
Artime, Manuel 149
Asbert, Ernesto 67, 80

Asociación del Buen Gobierno
.... 96
Asociación del Centenario de la República 160
Asociación Nacional de Veteranos 97
Asociación Nacionalista ... 104
Ateneo 177
Bacardí, Emilio 74
Bacon, Robert 43, 44, 65
Baker, Josephine 156
Baliño, Carlos 91
Ballagas, Emilio 170
Banderas, Quintín 42
Baquero, Gastón 172
Barnet y Vinajeras, José A.
.... 20, 112
Batista y Zaldívar, Fulgencio
.. 13, 17, 20, 109-115, 117, 120-123, 131, 132, 134-148, 150, 151, 153, 159, 161, 174
Bayo, Alberto 143
Belt, Guillermo 156
Benavente, Jacinto........ 178
Benson Foraker, Joseph..... 33
Bernal, Beatriz........... 161
Bernal, Emilia 179
Betancourt de Mora, Ana ... 86
Biondi, José (Pepe) 153
Blanco Rico, Antonio 143
Blanco, Andrés Eloy .. 156, 178
Bloque Democrático 114
Bola de Nieve 156
Borbonet, Enrique 143
Borja, Ester 104

183

Bosch, Joaquín 78
Boti, Regino E. 73, 74, 181
Brooke, John R. 23, 24
Brull, Mariano 156, 170
Bueno, Salvador . 168, 172, 180
Byrne, Bonifacio 73, 169
Cabrera, Lydia . . . 156, 170, 179
Cabrera, Miguel. 161
Caffery, Jefferson 111
Cairo, Ana 108, 158, 161,
173, 174
Calcagno, Francisco 75
Cancio, Leopoldo 87
Cantillo, Eulogio 150
Capablanca, José Raúl. 156
Carbó Serviá, Juan Pedro . . 146
Carbó, Sergio. 19, 109, 156, 170
Carbonell, Miguel Ángel. . . . 74
Carbonell Cortina, Néstor . . . 74,
161, 162
Cárdenas, Lázaro. 115, 143
Cárdenas, Rafael 90
Cárdenas, Raúl de 123
Carpentier, Alejo . . 77, 170, 179
Carrera Justiz, Francisco 74
Carrillo, Justo . . . 104, 109, 162,
174
Carrión, Miguel de 73, 169
Caruso, Enrico. 156
Casals, Pablo 156
Casals, Violeta. 147
Casanova, José Manuel 116
Casero, Luis. 133
Castellanos, Jesús 73, 132,
162, 168
Castro Ruz, Fidel. 126, 137-145,
147-151
Castro Ruz, Raúl 140

Cavarroca, David. 156
Centro Obrero 91
Céspedes y de Quesada, Carlos
Manuel 19, 108
Céspedes, Carlos Manuel 36, 74
Chacón y Calvo, José María . 75,
156, 168, 173, 178, 180
Cienfuegos, Camilo. 148
Cisneros Betancourt, Gaspar
. . . . 32, 47
Cisneros Betancourt, Salvador
. . . . 30, 37, 64
Club de Propaganda Socialista
. . . . 91
Club Esperanza del Valle . . . 86
Club Femenino de Cuba . 88, 97
Club San Carlos. 160
Collazo, Enrique 47, 74
Comité de los Cien 96
Comité de Sufragio Femenino 88
Comité del Centenario. 160
Conjunción Patriótica 67
Consejo Corporativo 114
Consejo Nacional de Veteranos
. . . . 65
Conte Agüero, Luis 139
Coolidge, Calvin 95, 102
Cortázar, Julio 178
Cortina, José Manuel. 91,
92, 94, 116, 117, 120
Cosculluela, Juan Antonio. . . 75
Cossío del Pino, Alejo. 131
Costa, Octavio R. . 56, 121, 162
Crowder, Enoch G. 46, 85,
92-95, 97, 98
CTC. 104, 121, 135
Cuartel Moncada 66
Cuatro Gatos 98

184

Cuervo Navarro, Pelayo ... 116, 130, 137, 145, 146, 155
Cuervo Rubio, Gustavo.... 109, 120, 122
Cueto, José Antolín del.... 173
Chevalier, Maurice 156
Chibás, Eduardo .. 13, 116, 122, 123, 126, 131-133
Darío, Rubén............ 178
Díaz Ayala, Cristobal 162
Díaz-Brisquets, Sergio.. 59, 162
Directorio Estudiantil . 101, 104, 106, 108, 109, 175
Directorio Revolucionario.. 141, 143, 145-147
Dolz, María Luisa ... 52, 86, 87
Dopico, Morín............ 125
Dorta Duque, Manuel . 116, 144
Duncan, Isadora.......... 156
Durán, Santiago........... 90
Echeverría, José Antonio 141, 145
Ejército Libertador .. 26, 27, 54, 56, 61, 65, 67, 171
Enmienda Platt .. 31-34, 36, 41, 47, 66, 102, 110, 111, 159, 164, 168, 175, 176
Enríquez, Carlos 156
Escoto, José Augusto....... 75
Esténger, Rafael ... 15, 24, 170
Estenoz, Evaristo. 61, 62, 64-66
Estrada Palma, Tomás.... 4, 19, 23, 26, 35, 36, 38, 41-44, 48, 58, 83, 90, 164
Falange de Acción Cubana .. 96
Fangio, Juan Manuel...... 147
Federación de Estudiantes... 96

Federación Estudiantil Universitaria (FEU)....... 135, 141, 145
Federación Obrera de La Habana 92
Félix, María............. 156
Fermoselle, Rafael..... 66, 162
Fernández Concheso, Aurelio... 120
Fernández de Castro, José Antonio............... 170, 172
Fernández de Castro, Rafael . 29
Fernández Retamar, Roberto 179
Fernández, Pablo Armando. 179
Ferrara, Orestes....... 56, 116, 117, 162, 176, 179
Fiallo, Amalio....... 140, 149
Figarola Caneda, Domingo .. 75
Figueras, Francisco........ 74
Florit, Eugenio... 170, 179, 181
Formental, Pedro......... 156
Fornet, Ambrosio 179
Franca, Porfirio.... 19, 96, 109
Frente del Escambray 148
Frente Oposicionista 115
Freyre de Andrade, Fernando 65
Fuente, Alejandro de la . 66, 163
Gabi, Fofó y Miliki 153
Gallegos, Rómulo 156, 178
García Agüero, Salvador... 116
García Bárcena, Rafael 109, 137, 176, 179
García Lorca, Federico 178
García Marruz, Fina 180
García Menocal, Mario .. 19, 47, 67, 70, 73, 80, 83, 88, 92, 96, 166
García Montes, Jorge...... 120, 149, 161

García Vélez, Carlos . 29, 47, 98
García, Calixto 27
Gardner, Arthur...... 138, 147
Garrigó, Roque 74
Gatica, Lucho 153
Gaztelu, Ángel........... 180
Gener, Miguel 30
Gerswhin, George 156
Giberga, Eliseo 32, 171
Gómez Carbonell, María... 120
Gómez de Avellaneda, Gertrudis
.... 73
Gómez, José Miguel 19, 36, 42, 48, 49, 55-59, 61, 65-67, 69, 83, 112
Gómez, Juan Gualberto..... 27, 30, 34, 36, 46, 61, 62
Gómez, Máximo 23, 27-29, 35-37, 42, 48, 74, 90, 163
Gómez, Miguel Mariano 20, 112, 114
González Cruz, Iván 180
González de Mendoza, Pablo 78
González del Valle, Francisco 74
González Lanuza, José Antonio
.... 27, 64
González Llorente, Pedro ... 30
González Pérez, Antonio.... 64
González, William......... 85
Grau San Martín, Ramón 19, 20, 109-111, 113, 116, 117,120, 123-126, 130, 132, 138, 139, 149, 150
Grupo de Matanzas 73
Grupo Minorista .. 97, 170, 174
Guanche, Julio César...... 159
Guardiola Artiles, Genoveva. 40
Guas Inclán, Rafael 116

Guerra Chiquita........... 36
Guerra de Independencia. 42, 80, 127, 146
Guerra del 68............. 48
Guerra del 95.......... 47, 48
Guerra, Edelmira.......... 86
Guerra, Ramiro 44
Guevara, Ernesto (Che) 143, 148
Guillén, Nicolás. . 156, 170, 178
Guillot, Olga 153
Guiteras Holmes, Antonio
.... 105, 110, 111
Gutiérrez-Vega, Zenaida ... 180
Habsburgo-Lorena, María Cristina..................... 23
Harding, Warren C...... 93-95
Hawley, Robert 68, 103
Hemingway, Ernest... 156, 178
Henríquez Ureña, Camila .. 178
Henríquez Ureña, Max 178
Henríquez Ureña, Pedro ... 178
Hernández, Alicia 116
Hernández, Charles 82
Hernández, Eusebio.. 29, 47, 67
Hernández, Rafael.... 158, 162
Hernández-Catá, Alfonso ... 75, 105, 163, 168, 173, 174, 178, 179
Herrera, Alberto 19, 108
Hevia y Reyes, Carlos 19, 109, 111, 133
Hughes, Charles Evans 95
Ichaso, Francisco. 105, 116, 134, 172, 174, 176
Ichikawa, Emilio ... 59, 60, 163
Iglesia, Álvaro de la........ 75
Irisarri, José María..... 19, 109
Ivonnet, Pedro......... 65, 66
Jackson, John B. 64, 66

Jiménez Castellanos, Adolfo . 23
Jiménez, Juan Ramón . 112, 156
Junta Cubana de Renovación Nacional. 96
Junta de Escrutinios. 37
Junta de Igualación del Azúcar
. . . . 71
Junta Nacional de Arqueología
. . . . 177
Junta Nacional de Economía 127
Junta Patriótica 47
Juventud de Acción Católica
. . . . 134, 140
Klaybor, Eric. 156
Labrador Ruiz, Enrique. . . . 179
Lam, Wifredo 156
Laredo Bru, Federico. . . . 20, 97,
112, 114, 115
Lazo, Raimundo . 168, 174, 179
Leal, Eusebio 158, 159, 175, 181
Lecuona, Ernesto. 156
LeRiverand, Julio 174
Lezama Lima, José 156, 178-181
Liberación Radical 149
Liga General de Trabajadores Cubanos. 90
Lisazo, Félix 179
Long, Boaz W, ... 94
López Castro, Amadeo 120
Loveira, Carlos 73, 92, 156, 169
Loynaz del Castillo, Dulce María
. . . . 170
Loynaz del Castillo, Enrique . 47,
58
Lufriú, René 74
Luissi, Paulina. 97
Luning, Henri Augusto 121
Lyceum Lawn and Tennis Club

. . . . 177
Llaverías, Joaquín 74, 75
Machado y Morales, Gerardo 19,
99-108, 110, 117, 146, 173, 174
Maestri, Raúl. 172
Magoon, Charles E. 43-45,
48, 49, 62, 91
Malatesta, Enrique. 91
Malin Craig, George 114
Manduley, Rafael 33
Mañach, Jorge . . . 105, 116, 137,
140, 155, 156, 160, 164, 170,
172-176, 179
Marinello, Juan 115, 116,
121, 156, 170, 174, 176
Maritain, Jacques. 134
Marokich, Igor. 156
Márquez Sterling, Carlos. 13-15,
24, 32-34, 36, 38, 44, 59,111,
116-118, 137, 141, 142, 144, 145,
149, 164
Márquez Sterling, Manuel. . . 20,
85, 98, 105, 111, 122, 164,
167, 171, 173, 175, 176
Marrero, Leví 164, 176
Martí, José. . . 26, 29, 36, 53, 73,
74, 129, 161, 168, 170, 178
Martínez Márquez, Guillermo
. . . . 177
Martínez Ortiz, Rafael. 74
Martínez Pírez, Pedro 175,
181
Martínez Sáenz, Joaquín . . . 105,
116
Martínez Villena, Rubén 96,
104, 111, 170
Martínez, Juan. 164
Masó, Bartolomé . 26, 35-37, 42

187

Masó, Calixto C. 15, 24, 34, 44, 164
Massip, Salvador. 75
Matthews, Herbert. 144
Maza y Artola, José de la. . . . 88
McKinley, William . . 27, 33, 43
Mederos, Elena 156
Mella, Julio Antonio 96, 97, 101, 170
Méndez Capote, Domingo. . . 26, 29, 33, 36
Mendieta, Carlos 20, 81, 104, 111, 112
Menéndez, Jesús 125, 156
Menocal, Armando 79
Menocal, Narciso G. 165
Menocal, Raúl 117, 122
Mestre, Goar 128, 156
Mindszenty, Cardenal Józse 129
Miñoso, Orestes. 156
Miró Argenter, José. 74
Miró Cardona, José. 140
Mistral, Gabriela 156, 178
Montané, Luis 75
Montenegro, Carlos. 171
Montiel, Sara. 153
Montoro, Arturo 75
Montoro, Rafael 29, 49, 75, 171, 173, 181
Mora, Menelao 145
Morales y Morales, Vidal . . . 80
Morales, Rosa 16
Moré, Benny 156
Morgan, Henry 84, 85
Morgan, John Tyler. 33
Morúa Delgado, Martín. . 30, 61, 62, 64, 65
Movimiento 26 de Julio. . . . 140, 143, 144, 146, 147, 151
Movimiento de Veteranos y Patriotas 104
Movimiento Nacional Revolucionario 137
Mujal Barniol, Eusebio 116
Muñoz Marín, Luis 126
Muzaurieta, José M. (Tom Mix) 170
Navarro Luna, Manuel 174, 179
Neruda, Pablo 156
Nervo, Amado. 178
Novas Calvo, Lino. . . . 170, 179
Núñez Portuondo, Emilio . . . 36, 80, 116, 156
Ochoa, Emilio (Millo). 116, 133, 144
Orihuela, José 143
Ortiz, Fernando . 74, 75, 96, 156, 159, 167, 168, 173, 174,179, 180
O'Farrill, Juan Ramón. 90
País, Frank. 144, 147
Palma, Ricardo 74
Parajón, Mario. 179
Pardo Llada, José. 131
Partido Acción Unitaria (PAU) 131
Partido Auténtico. 116, 117, 123, 124, 135
Partido Comunista de Cuba. . 92, 99, 101, 104, 106, 107, 111, 115, 116, 174
Partido Conservador 47, 65, 80, 116
Partido de Acción Progresista (PAP). 137
Partido de la Cubanidad . . . 132

Partido del Pueblo Cubano (Ortodoxo)...... 126, 137, 140, 173
Partido del Pueblo Libre (PPL) 149, 150
Partido Independiente de Color 61, 64
Partido Liberal Autonomista 29, 48, 61, 62, 67, 85, 105, 116
Partido Nacional....... 29, 36
Partido Obrero............ 91
Partido Popular........... 98
Partido Republicano.... 29, 36
Partido Revolucionario Cubano 26, 29, 36, 48, 149
Partido Socialista.......... 91
Partido Socialista Popular 132, 138, 177
Partido Unión Democrática.. 29
Partido Unión Revolucionaria 115
Pavlova, Ana............ 156
Pedraza, José Eleuterio 111, 122
Peláez, Amelia........... 156
Pendás, Porfirio.......... 104
Pérez López, Jorge.... 59, 162
Pérez Serantes, Enrique.... 138
Pérez, Louis A........ 38, 165
Piaf, Edith.............. 156
Pichardo Moya, Felipe..... 169
Piedra, Orlando.......... 144
Piñera, Humberto........ 180
Piñera, Virgilio.. 178, 180, 181
Piñeyro, Enrique.......... 75
Pittaluga, Gustavo........ 178
Platt. Orville............. 33
Portel Vilá. Herminio..... 165, 176, 179
Portela, Guillermo..... 19, 109

Portuondo, Antonio....... 179
Portuondo, Fernando...... 165
Portuondo, Rafael..... 31, 171
Portuondo, Serafín..... 65, 165
Poveda, José Manuel....... 73
Primer Congreso Nacional de Mujeres................. 97
Prío Socarrás, Carlos... 20, 104, 109, 116, 123, 127-132, 134, 141, 143
Protesta de los Trece... 97, 170
Puebla, Carlos........... 139
Pumarejo, Gaspar........ 128
Quesada, Gonzalo de....... 74
Quinta Conferencia de Estados Americanos........... 95, 98
Quintana, Nicolás........ 156
Ramos, Domingo.......... 79
Ramos, José Antonio.... 73, 74, 168, 170
Rasco, José Ignacio....... 149
Recio, Tomás............. 64
Reforma Universitaria de Córdoba..................... 96
Remos, Juan J.... 120, 165, 168
Rexach, Rosario..... 164, 173
Rey, Santiago........ 81, 116
Reyes, Alfonso.......... 178
Rico, Pedrito............ 153
Rius Rivera, Juan........ 30
Riva, Armando de J........ 80
Rivas, José.............. 91
Rivero Agüero, Andrés.... 150
Rivero, José Ignacio.. 156, 166, 167, 171
Roa, Ramón.............. 171
Roa, Raúl....... 104, 156, 174
Roca, Blas.............. 116

Roca, Samuel............ 78
Rodó, José Enrique....... 173
Rodríguez Acosta, Ofelia .. 179
Rodríguez Embil, Luis 168, 173
Rodríguez Feo, José...... 180
Rodríguez, Carlos Rafael 121, 176
Rodríguez, Fructuoso..... 146
Rodríguez, Luis Felipe.... 168
Rodríguez, Marcos (Marquitos)
.... 146
Rojas, Rafael............ 162
Romañach, Leopoldo....... 79
Roosevelt, Franklin Delano
.... 106, 114, 175
Roosevelt, Theodore.... 43, 44
Root, Eliu............ 32, 33
Rubio Padilla, Juan Antonio 109
Rufo, Titto.............. 156
Rumbaut, Rubén Darío.... 134
Saladrigas, Carlos 105, 120, 123
Salas Cañizares, Rafael 143, 144
Sánchez Arango, Aureliano
.... 104, 116, 132, 147, 156
Sanguily, Manuel ... 27, 30, 31,
            40, 47, 171, 173
Santovenia, Emeterio....... 74,
            166, 174
Sarmiento, Domingo Faustino 37
Segura Bustamante, Inés
.... 109, 156, 166
Shelton, Raúl M....... 47, 166
Silva, Manuel Ramón...... 34
Smith, Earl T........ 147, 150
Smith, Octavio........... 180
Sociedad de Amigos de la República.................. 140
Sociedad de Fomento de Teatro
.... 73

Sociedad Económica de Amigos del País................ 122
Sociedad Geográfica de Cuba
.... 177
Sociedad Pro Arte Musical . 177
Soler, Policarpo...... 131, 143
Soler, William........... 144
Suárez Fernández, Miguel.. 132
Tabares del Real, José A. ... 159
Taft, William H,.......... 43
Tejera, Diego Vicente ... 75, 92
Thomas, Hugh....... 140, 166
Tongolele............... 156
Torre, Carlos de la.... 174, 179
Torriente Brau, Pablo de la
.... 104, 156, 172, 174, 180
Torriente, Cosme de la .. 94, 95,
            140, 142, 175
Torriente, Ricardo de la.... 170
Trejo, Rafael............ 104
Trelles, Carlos M.......... 75
Trujillo, Rafael Leónidas
.... 126, 143
Truman, Harry S...... 128, 129
Unión Revolucionaria..... 105
Universidad Católica Santo Tomás de Villanueva........ 127
Universidad Popular...... 177
Valdés Daussá, Ramiro.... 109
Valdés Domínguez, Fermín.. 47
Valls, Jorge............. 146
Vargas, Pedro........... 153
Varona, Enrique José. 44, 57, 67,
    75, 80, 104, 155, 172, 174,181
Varona, Manuel Antonio (Tony)
.... 104, 135
Vasconcelos, Ramón...... 120
Vázquez Bello, Clemente .. 105

Vega Ceballos, Víctor 68, 120, 166
Ventura, Esteban 146
Verdeja Neyra, Santiago 99, 100
Veteranos de Color 61
Villa-Lobos, Heitor 156
Villuendas, Enrique. 30, 42, 155
Vitier, Cintio 156, 169, 180
Vitier, Medardo 74
Welles, Sumner . . 106, 108, 114
Westbrook, Joe 146
Weyler, Valeriano 24, 86
Wilson, Woodrow 70
Wood, Leonard 24, 32, 37
Zanetti Lecuona, Oscar . 16, 166
Zayas y Alfonso, Alfredo 19, 29, 30, 36, 48, 49, 57, 61, 67, 73, 81-83, 85, 93-98, 111
Zaydín, Ramón . . . 92, 116, 123

La Habana alcanzó un alto desarrollo urbano durante la República.

www.ingramcontent.com/pod-product-compliance
Lightning Source LLC
LaVergne TN
LVHW091547060526
838200LV00036B/734